Les Ambivalences Idéologiques Du Paysan Haïtien: Force Et Faiblesse De Vingt Ans De Lutte (1986-2006)

Pierre Simpson Gabaud

Dr. Pierre Simpson Gabaud

Les Ambivalences idéologiques du paysan haïtien:
**force et faiblesse de vingt ans
de lutte (1986-2006)**
Pour une rencontre historique de la pensée libérale-radicale haïtienne
Déjà paru du même auteur:
Associationnisme paysan en Haïti: Effets de permanence et de rupture, Editions des Antilles,
Port-au-Prince, 2000.
L'éclatement de la communauté paysanne: une étude sur la vie rurale en Haïti, Educa-vision,
Florida, 2005.
**Les ambivalences idéologiques du paysan haïtien:
force et faiblesse de 20 ans de lutte (1986-2006).
Auteur: Pierre Simpson Gabaud, Ph.D.
CUREFC, juillet 2008**
Tous droits réservés:

Il est interdit de reproduire, d'enregistrer ou de diffuser, en tout ou en partie, le présent ouvrage
par quelque procédé que ce soit, électronique, mécanique ou autre, sans avoir obtenu au préalable
l'autorisation écrite de l'auteur.

Order this book online at www.trafford.com
or email orders@trafford.com
Most Trafford titles are also available at major online book retailers.
© Copyright 2009 Pierre Simpson-Gabaud.
All rights reserved. No part of this publication may be reproduced, stored in a retrieval system, or
transmitted, in any form or by any means, electronic, mechanical, photocopying, recording, or
otherwise, without the written prior permission of the author.
Note for Librarians: A cataloguing record for this book is available from Library
and Archives Canada at www.collectionscanada.ca/amicus/index-e.html
Printed in Victoria, BC, Canada.

ISBN: 978-1-4269-1958-9 (sc)
ISBN: 978-1-4269-1959-6 (dj)
Library of Congress Control Number: 2009938318

*Our mission is to efficiently provide the world's finest, most comprehensive book publishing
service, enabling every author to experience success. To find out how to publish your
book, your way, and have it available worldwide, visit us online at www.trafford.com*
Trafford rev. 11/23/2009

Trafford PUBLISHING www.trafford.com

North America & international
toll-free: 1 888 232 4444 (USA & Canada)
phone: 250 383 6864 ♦ fax: 812 355 4082

A paraître très bientôt:

1) *Bourekine san nan'm.* Roman montrant qu'un jeune intellectuel du nom de **Bourekine san nan'n**, marié avec une femme pauvre et non-éduquée, appelée "**Capitalise sans vergogne**", financièrement ambitueuse. Elle est devenue une sorcière à cause d'un petit commerce. Son langage jadis de femme pauvre et plus tard de "parvenue" a beaucoup changé. Elle s'est constituée en germe de division pour la famille de son mari, et, également pour la sienne dont l'histoire se termine par la tragédie et la mort d'un de ses frères.

2) *Mama la belle-mère.* Roman qui dégage le rôle tendancieux d'une belle-mère face à ses enfants et leurs partenaires.

3) *Sur les ailes de l'aigle: Les Haïtiens vivant aux USA.* Résultat de recherches scientifiques sur les conditions de vie des familles haïtiennes en Floride.

4) *Politique et société.* Ouvrage didactique pour la formation des jeunes en sociologie politique.

5) *Dans le sillage de Alain Touraine.* Un ouvrage qui discutera des idées sociologiques de l'auteur face à la réalité sociale d'aujourd'hui.

6) *D'Emile Durkheim à Max Weber.* Cet ouvrage mettra en lumière les différentes phases du rationalisme chez l'un et l'autre des deux auteurs.

7) *Vers l'approche complémentariste.* Partant de l'idée que la complexité est de la nature des choses et des faits, cette étude propose que le fait social puisse être étudié par la complémentarité théorique.

Dedicace

CETTE PUBLICATION EST DÉDIÉE À tous les progressistes haïtiens et spécialement aux membres de l'Association de Ceux qui Pensent et qui Luttent pour le Vrai Changement en Haïti. Elle est dédiée également aux paysans parcellaires qui attendent inlassablement le vrai changement, aux fils de paysans et d'ouvriers qui ont pris les armes pour réclamer un mieux-être ou qui sont tombés sous les balles de leurs propres frères. Je la dédie aussi aux intellectuels, aux étudiants, aux leaders politiques qui, au nom du paysan, constituent les acteurs du "théâtre" de la politique haïtienne.

Mais cet ouvrage est dédié spécialement à ma famille, particulièrement à mon épouse, à mes enfants, à mes parents et à mes amis qui m'ont soutenu lors de mes traveaux. Et enfin, je suis reconnaissant envers Pitz et Joseph qui m'ont beaucoup aidé dans ce travail.

Résumé de l'ouvrage

CET OUVRAGE SE PROPOSE DE cerner la corrélation existant entre l'implication de la communauté paysanne dans la diffusion des idées de changement et l'encadrement politique que celle-ci reçoit des tenants de la gauche, au regard de la résistance sociopolitique et culturelle retrouvée en milieu rural face aux activités de la politique de droite dans un contexte de mouvement social. Il montrera que la question paysanne d'aujourd'hui va au delà du simple problème de la modernisation ou du développement. Cette question est surtout une affaire de transformations des valeurs idéologiques liées au processus de changement entrepris par les instigateurs de développement et les manipulateurs d'opinion.

Son objectif est de comprendre la gestion structurelle des conflits idéologiques, et d'établir une première discussion ouverte autour de la formation socialiste des paysans, et l'intériorisation des modèles socio-culturels de la vie capitaliste. Il devra susciter et alimenter la discussion sur la question idéologique chez les paysans et, à côté d'eux, les ouvriers pauvres, pris comme objets de réflexion et d'analyse dans l'itinéraire de vingt années de participation à la lutte pour le changement.

Il examinera le niveau d'attachement des groupes sociaux à leurs idéologies respectives, les similitudes et les rapports sociaux qui tissent l'évolution des différents acteurs sociaux et politiques dans la trame de la société Haïtienne. Cet ouvrage présente, en vue de recherches empiriques ou recherches fondamentales futures, certains paramètres d'analyse et certains indicateurs pour mieux cerner les environnements interne et externe qui sous-tendent les transformations survenues dans le processus de changement social et également dans la recherche d'une voie au développement du pays.

Mots clés: formation socialiste, implication communautaire, gestion structurelle, entreprise capitaliste, encadrement paysan, conflit idéologique, modèle socio-culturel, attachement, intériorisation, idéologie de la droite, idéologie de la gauche, stratégie et planification de la politique, théorie et praxis de mouvement politique, objectif des activités gouvernementales.

Remerciements

J'AI PRÉPARÉ LE PRÉSENT DOCUMENT à la demande des auditeurs aux trois conférences prononcées sur "la paysannerie et les idéologies politiques en Haïti". En le rédigeant, il m'est venu à l'idée d'agencer certaines parties et de les illustrer. Pour ce faire, j'ai eu l'aide de certains collègues et amis que je tiens à remercier vivement et publiquement. Je remercie principalement le Dr. George Poe (Ph.D.), professeur de français à l'Université du Sud (University of the South, Sewanee), et son épouse Sylviane d'avoir bien voulu lire avec un oeil critique le manuscrit.

Je remercie plusieurs professeurs de la Floride et notamment ceux relevant du Board of Education of Miami, pour lesquels j'avais fait, à titre de professeur-chercheur et consultant, quelques interventions en communication, culture, langue et société.

Aux collègues et amis suivants qui ont contribué à la concrétisation de cette idée, j'adresse mes plus vifs remerciements: Mme Agathe, Mme Sandra, Père Chevalier, Rév. Panel Guerrier, Rév. Père Jean Ricot Gay, aux Haïtiens habitant à Immokalee, Fort-Meyers, Naples, Miami, pour lesquels j'ai prononcé des conférences sur le développement, la politique et l'éducation, ainsi que Jean-Pierre, Joseph, Simon, Lucien, etc.

Enfin, mes remerciements s'adressent également à tous ceux, au-delà de ceux que je viens de mentionner, qui, d'une manière ou d'une autre, m'ont aidé dans ce travail.

Avant-Propos

LA PUBLICATION DE CET OUVRAGE est le résultat d'une série d'observations et de réflexions sur la célébration des 200 ans d'Indépendance nationale, sur les perspectives d'avenir d'Haïti à l'aube du XXIème siècle et sur les présidentielles de 2006.

Pour ouvrir un débat scientifique entre les militants de droite et les militants de gauche, j'ai dû préparer et publier ce document comme support de réflexion rationnelle sur la question de l'idéologie en Haïti en général et en milieu paysan en particulier. J'ai effectué pour mes lecteurs un agencement thématique assez léger, accompagné de quelques textes d'illustration, d'évocation de certains faits non-chronologiquement établis, mais cités aux besoins analytiques.

Comme je le disais tantôt, ce document n'est pas un travail fini. Il n'est pas non plus une étude systématique, basée sur les profondes recherches empiriques. Il est plutôt, et j'insiste là-dessus, le résultat de réflexions et d'analyses relatives à la participation des paysans dans la lutte pour le changement. Il doit être considéré comme un effort pour saisir la réalité de la diffusion de l'idéologie en milieu paysan. De ce fait, je n'ai pas noté grand chose en fait de revue de littérature. J'ai seulement établi en filigrane quelques notions sur l'approche que je fais mienne: l'approche complémentariste (l'approche systémique et critique), incluse dans l'introduction.

En effet, cette publication est le fruit des discussions faites, à la veille de février 2006, avec certains collègues-professeurs sur l'épineuse question de changer la vie des paysans Haïtiens. Il convenait de réfléchir en vue de trouver les sources des problèmes qui entourent le processus de changement en milieu paysan. J'ai délibérement choisi de ramener la question, à tout le moins pour le moment, sur le terrain des ambivalences idéologiques que constituent les modes d'extériorisation du discours politique qu'intériorise la paysannerie haïtienne. Je n'ai pas repris textuellement les fragments de ces discours politiques. Le lecteur se référera à mon ouvrage intitulé *"L'Éclatement de la communauté paysanne: une étude de la vie rurale en Haïti"[1]*, s'il veut en savoir plus. Car le verbatim avait permis de déceler l'allure et l'interprétation que donne le paysan des idées politiques en diffusion en milieu rural haïtien.

---

1   Une 2ème Edition revue et corrigée de cet ouvrage paraîtra très prochainement.

Contents

Introduction

CETTE PUBLICATION ENTEND PROMOUVOIR UNE perspective nouvelle des rapports idéologiques de classe. Elle englobera certainement les relations sociales qui se trouvent au bas de l'échelle sociale, comme celles tissées au sein de la paysannerie parcellaire, au sein de la classe ouvrière et de la masse de ceux qui triment pour survivre, constituant ainsi la classe des "prolétaires" (c'est-à-dire, l'ensemble de ceux qui exercent un métier manuel et ne disposent pour vivre que la rémunération, généralement peu élevée, que leur allouent ceux à qui ils vendent leur force de travail.) En fait, il s'agit des gens de la dernière classe de l'échelle sociale revendiquant de meilleures conditions de vie dans le système d'exploitation et d'aliénation socio-économique du pays.

Cependant, deux classes seront principalement considérées, la classe paysanne et la classe ouvrière. La saisie de la manifestation socio-politique de ces deux classes porterait à dire que la classe paysanne serait idéologiquement liée à la classe ouvrière, bien sûr à des moments donnés de l'histoire. Cette nouvelle dimension montrerait que la paysannerie et la main-d'oeuvre ouvrière auraient dû faire cause commune en vue d'entamer un processus de changement. Car, devant le statu quo et la culture politique dominante, les deux ont quasiment la même réaction. Une telle réaction se manifeste dans les discours populaires étudiés par certains anthropologues, principalement à travers les "proverbes haïtiens" et se traduit également dans les mouvements d'émancipation politiques (mouvements sociaux et économiques également) survenus durant ces dernières décennies. C'est-à-dire, au sein de la musique, du cinéma, de la publicité, de la radio et de la télévision, mis en oeuvre notamment par un nombre important d'anciens étudiants du Conservatoire National d'Art Dramatique. Plus tard, l'Ecole Nationale des Arts (ENARTS) a pris la relève en continuant, à des degrés divers, à préparer les esprits en vue des mouvements socio-politiques de l'Etat d'Haïti.

Il est tentant de comprendre que les mouvements de révolte, de manifestation, de grèves et les démarches liées au processus de changement et de développement en rapport avec les mouvements sociaux remontent loin dans le passé historique révolutionnaire du pays. Cependant, plus près nous, les années 1980 y sont remarquables. En 1984, par exemple, avec l'annonce, premièrement, de l'Année Internationale de la Jeunesse, la visite, deuxièmement, du Pape Jean Paul II en Haïti, et la visite, en troisième lieu, de John Littleton, déclencha une série de rencontres, certaines planifiées, d'autres occasionnelles, pour penser à refaire un pays où tout citoyen aurait le droit de vivre en paix, avec justice et dans de meilleures conditions. En 1985, pour une fois, peut-être pour la première fois, les progressistes de la droite et ceux de la gauche s'étaient unis pour développer une stratégie de salut national. La formule: Haïti libérée. C'était Jérémie, Gonaives, St Marc, Léogane, Petit Goave, Port-au-Prine, enfin, toutes les provinces; c'était Radio Lumière, St Jean Bosco, CHISS, Mission Alfa et toutes les autres institutions qui y avaient pris part. La promotion "Manuel" du Département des Sciences du Développement, les émissions de Radio Haïti Inter, les sept diocèses en sept jours animés par Joseph Augustin, dit Papi

Djo, sur les ondes de Radio Soleil, ainsi que ses autres émissions révolutionnaires, et également les autres presses subversives (presses parlée, écrite et télévisée.) La FENEH (Fédération Nationale des Etudiants Haïtiens) et d'autres mouvements encore, comme la mise sur pied de l'Association de Ceux qui Pensent et qui Luttent pour le Vrai Changement en Haïti qui a rassemblé pour la première fois des gens de la droite et ceux de la gauche contribuent à une véritable action complémentaire pour le changement. Et quand on pense changement, il faut voir la planification dans le sens de remplacer stratégiquement et rationnellement le statu quo par de nouvelles institutions avec des objectifs viables.

Cependant, au sein même de certains groupes socio-politiques, les divergences règnent, les idées sont diffuses et les actions s'avèrent confuses quant à la vision du processus de changement en Haïti, ce qui entraîne un processus de dysfonctionnement interne des groupes. Il est curieux de constater que les groupes semblent généralement incapables de se remettre en cause. L'échec de certains mouvements sociaux est patent. Non parce que l'idée initiale était mauvaise, mais parce que ces groupes n'ont pas su la mettre en oeuvre, et qu'ils ont laissé évaporer ce qui constitue la richesse de tout mouvement social: la recherche d'une vie meilleure dans le cadre d'un processus de transformations sociales. C'est pourquoi je disais dans ma précédente publication intitulée " *L'Eclatement de la communauté paysanne*" que la communauté familiale paysanne est aux prises entre le mouvement de droite baissant pavillon à ce moment et le movement de gauche en honneur à l'époque. Elle est encore fonctionelle mais fragilisée par la manière dont les leaders politiques et les instigateurs de développement introduisent le changement en milieu rural et entreprennent les actions de modernité ou de développement. En ce sens, la transmission de l'idéologie est explicitement assurée par les Conseils Communautaires, les Coopératives agricoles, les Ilots de développement dans les années 1970-

1985. Dès les années 1986-1990, l'Université par le biais des étudiants et de quelques professeurs, devient le centre privilégié de la diffusion des idéologies. La pensée haïtienne ne s'assoie plus sur le noirisme mais se tourne vers l'anti-capitalisme, les freins au développement, les contraintes liées à la politique internationale; et tout ceci sous couvert du discours relatif à visée anti–américaine et à la "Banbôch demokratik". Dans cette perspective, les ONG pullulent dans la diffusion des idées de changement et de développement. Plus tard, étudiants, élèves, églises, techniciens, employés d'administration, dont la plupart se rendaient en campagne, serpentaient les mornes et les chemins escarpés à travers les vallées pour parler de la libération d'Haïti.

Une analyse de la situation du pays durant les vingt dernières années fait comprendre que les paramètres de progrès retenus par certains instigateurs externes en vue d'étudier (études effectuées par certaines institutions dans le cadre de l'aide bilatérale ou multilatérale: PNUD, ONU, UNESCO…) l'avancement de la réalité Haïtienne ne rencontrent pas vraiment les indices lies à l'attente de la majorité. Les précédentes études que j'ai effectuées sur la paysannerie ont conclu à l'égard d'un processus de changement en Haïti, un changement très sensible; mais malheureusement, il s'agit jusqu'ici d'un changement négatif dont l'une des causes révélées aujourd'hui est le conflit idéologique entre la droite et la gauche, lequel a entraîné la désagrégation sociale, la dislocation des familles, les enlèvements, l'exode, le démantellement de la communauté familiale paysanne, la misère, l'insécurite généralisée, la pauvreté, la crise de gouvernance, les révoltes et soulèvements armés, le déchoucage, la honte et l'humiliation en terre étrangère et que sais-je encore: mauvaise image de l'Haïtien!

Le pays a régressé en matière économique. Il a perdu certaines bonnes valeurs et connu en même temps, par contre, un essor considérable en matière de motivation politique. Comme corrolaire logique, la paysannerie en subit les conséquences et les ouvriers en sont les victimes. Les autres classes sociales en paient les frais au niveau du ralentissement des activités. L'accès au loisir a été rendu difficile ces dernières années; on assiste à la dégradation des institutions étatiques, aux tendances négatives constatées dans les domaines de l'agriculture. La plupart des industries de sous-traitance ont déménagé. L'électricité est au rationnement, l'eau n'est plus potable. Même dans la capitale, la recherche de la santé devient un luxe et un défi pour ceux qui ne sont pas capables de se faire soigner à l'étranger; l'éducation est au rabais; le logement est le problème crucial des familles et des citoyens moyens. Les responsables du pays ont-ils compris et ont-ils appliqué "La Théorie des Besoins Fondamentaux?" Une masse incontrôlable de mineurs (enfants de 10 à 15 ans et plus) ont gagné les rues exerçant le "métier" des hommes de main, et prêts à tout faire.

Ces enfants sont souvent armés par certains hommes politiques et deviennent des "Chimè" ou des "Zenglendo" pour intimider, maitriser ou éliminer physiquement des opposants. Ces groupes d'enfants mineurs et leurs partenaires politiques "Chimè" ou Zenglendo" ne sont pas des groupes secrets. Ce sont des acteurs de la rue, et paradoxalement, ils sont pour la plupart des activistes et pour d'autres des contre-activistes.

Dans ces mouvements de confusion idéologique, la classe moyenne s'érode et la plupart des acteurs de la rue sont souvent malheureusement abandonnés, comme l'ont été les anciens paysans, agitateurs solitaires qui sont souvent méprisés par leurs chefs à la faveur des démêlés politiques.

Cette couche d'enfants et de jeunes venant surtout du monde rural et habitant principalement les bidonvilles des grandes villes, et notamment la capital, constituent la masse de ceux qui sont victimes de l'exclusion et qui vivent de la violence.

Alors, comment la paysannerie haïtienne a pu se laisser gagner par la gauche et comment l'a-t-elle gérée au regard de la droite?

Les implications des classes sociales dans les affaires politiques et publiques du pays ont une origine, une source, une genèse. Il faut considérer l'étiologie des événements pour mieux comprendre les mouvements socio-politiques des Haïtiens et les différentes idéologies qui les sous-tendent. Bizarrement, la gauche s'est introduite en milieu rural haïtien, à côté de la politique de la droite. Dans un discours multiforme de démocratisation tenu par les leaders politiques depuis 1986, il est sorti un enseignement à deux niveaux:

a) l'un en faveur d'un changement profond basé sur les grands principes de la gauche pour "déraciner" la misère de la masse.

b) l'autre prône la réforme sociale en mattant des balises pour empêcher l'expansion du marxisme en accentuant les améliorations à l'égard du sort du peuple.

Dans une phase de transition politique (politiques gouvernementales, rien d'autre encore), les enseignements idéologiques ont souvent fait face à des interprétations diverses. Depuis 1986, tout parle de changement, du marxisme et tout ce qui en découle théoriquement ou pratiquement.

Dans une observation des mouvements politiques en Europe, et essayant de cerner une situation similaire à l'interprétation des idéologies dominantes, Jean-Pierre Cot et Jean-Pierre Mounier avancent ce qui suit: «C'est du marxisme que se réclament une part de la social-démocratie, les parties communistes, la majorité de l'extrême gauche non communiste.[2]»

---

2   Jean-Pierre Cot (et al), *Pour une sociologie politique*, tome 1, Paris, Editions du Seuil, 1974, p. 99.

Dans cette perspective, parler de changement en Haïti revient à considérer l'un ou l'autre pôle de la pensée politique dominante. Celle-ci tisse les comportements, actions et entreprises de la classe politique, sans oublier les interactions entre les diverses composantes des classes sociales. Au plus haut niveau de l'échelle sociale, les classes bourgeoises, en terme d'oligarchie, maintiennent le profil d'une assimilition de l'idéologie dominante. Cette assertion est aujourd'hui contestable. Elle l'est surtout en matière des approches et des philosophies de développement. Car il y a une résistance au modèle de développement construit (à l'occidentale) et aux tentatives d'accommodation étayées par un modèle induit de développement (développement endogène, développement par la base avec participation communautaire ou participation populaire).

Au niveau de l'implantation des politiques de développement en milieu rural, les deux classes paysanne et ouvrière se compléteraient idéologiquement à des moments donnés de l'histoire pour articuler et formuler une politique de changement de personnel gouvernemental. Ce sont des moments porteurs d'espoir qui génèrent plus de confiance dans la paysannerie dans le cadre de la diffusion des idéologies politiques par les acteurs. C'est pourquoi les paysans, passant des associations traditionnelles (Coumbites, Corvees, Escouades…) aux autres formes nouvelles d'organisations, mettent l'accent beaucoup plus sur la politique et sur leur appartenance aux partis politiques.

Les attitudes politiques en milieu paysan amènent les OP (Organisations Paysannes) du début des mouvements paysans des années 1980 à changer de nom. Car, à partir de 1990, les Organisations Populaires sont également appelées "OP"; les précédentes furent les OB ou Organisations de Base dont la plupart étaient sorties des "Ti Legliz". L'organisation d'un movement social s'ensuit sous le rapport de la culture et de l'idéologie dominante.

Le recours aux rapports sociaux de confiance mutuelle est le début tout au moins qui marquera le démarrage, le décollage (thèse de Walt W. Rostow) ou, pour mieux dire, le processsus incontournable du changement et du développement initié par les Organisations de Base et les Organisations Populaires.

En fait, ce travail se veut une explication d'ordre sociologique de la réalité politique et idéologique en milieu paysan, écrit dans un langage aussi simple que possible pour être à la portée de tout le monde.

a) Point de vue théorique

Nous avions déjà soutenu l'idée que pour bien saisir le réel social, au lieu de faire appel à une seule théorie qui pourrait laisser dans l'ombre certains aspects de la réalité, il serait préférable de passer en revue deux ou plusieurs théories scientifiques afin de laisser tomber les aspects négatifs, c'est-à-dire là ou elles seraient incapables d'expliquer le réel social, pour embrasser les aspects positifs de deux théories et de les composer de manière complémentaire. C'est ce que nous tentons d'appeler approche complémentariste[3] à défaut pour le moment d'une autre appellation. C'est-à-dire qu'il convient de cerner la réalité, tout au moins, à partir de deux éléments théoriques qui, hier, pourraient être contradictoires et, aujourd'hui joueront d'une compatibilité sur des aspects similaires ou des visions semblables.

---

3   Voir Pierre Simpson Gabaud, L'Expérience paysanne et le
      développement: une étude de l'ODVA et des
      habitants de la Vallée de l"Artibonite, Quebec, Université Laval, 1996, p. 28
      (thèse de doctorat).

Il est important aussi, dans ce genre de discussion, de préciser que je suis un complémentariste. J'entends par là que la complexité est de la nature des choses et des faits. Pour arriver à bien saisir les faits sociaux, je pense que l'application d'une seule théorie ne suffit pas et est souvent incapable, pour ne pas dire toujours, d'appréhender la totalité du phénomène sous investigation. Il y a toujours une partie du fait qui est resté dans l'ombre.

Mais, la composition, de manière complémentaire, de deux ou plusieurs théories qui, autrefois, s'opposaient par leur fondement et leur ligne scientifique semblent aller très bien dans le sens de la saisie du réel social et le fait social peut-être cerné par la complémentarité théorique.

D'ailleurs, la complémentarité est un fait naturel pour la création et la procréation. Elle est à la base de la reproduction normale des corps, des générations, des règnes animal et végétal: il y a toujours la composition de deux éléments opposés (un positif, un négatif) pour produire un troisième (la résultante). Ainsi, tout élément évoluant par lui-même, avec lui-même et pour lui-même paraît naturellement improductif. C'est dans la nature des choses que tout corps soit naturellement attiré par son opposé: mâle et femelle. Tout corps de même nature se repousse.

La reproduction des idées et de la réflexion en matière d'étude des faits sociaux est souvent alimentée par l'analyse et l'interprétation unilatérales. Dangereuse situation!

Ainsi, comprend-on que, dans ce travail, je vais pouvoir considérer la théorie systémique et l'approche critique à dimension marxiste de manière complémentaire pour essayer de cerner la réalité de la gestion des idéologies dans les classes populaires, notamment en milieu paysan.

Dans cette perspective, il devient important dans cette étude sur la paysannerie de privilégier cette approche. C'est pourquoi je me permets de puiser dans "l'objectivisme" d'Emile Durkheim et dans la sociologie compréhensive de Max Weber (la dimension subjectiviste et interprétation) pour rendre ce travail beaucoup plus commode, plus total, plus profond. Ceci dit, ma démarche consiste à situer ce travail dans un contexte théorique bidimensionnel: approche systémique et approche critique.

En ce qui concerne l'utilisation de ces deux approches, il faut dire que certaines réalités, telle que la paysannerie, sont très complexes et, je le répète, ne peuvent être étudiées en profondeur qu'à la lumière de deux théories au moins.

Pour ce qui est de l'approche systémique, je l'adopte parce qu'elle est une réaction contre la tendance qui développe les études fragmentaires. Elle permet de saisir le système en tant que combinaison de parties (éléments) qui se coordonnent pour concourir à un résultat. On trouve trois éléments, le rôle, la structure, les interactions, dont l'articulation constitue le système.

La paysannerie peut être apprehendée, dans le cadre de ses activités socio-économiques de survie, dans le contexte de transformations sociales où elle se trouve, dans ses valeurs socio-culturelles de cultivateur, dans ses rapports économiques et politiques avec le monde ouvrier et les autres classes sociales, et aussi dans son nouveau rôle socio-politique et économique de petits entrepreneurs. Tout ceci est inclus dans un système qui met la paysannerie en relation directe avec d'autres secteurs, d'autres communautés. Mais l'approche systémique, à elle seule ne suffit pas et paraît, parfois, incapable de saisir parfaitement et totalement des mouvements de changement et de révolution, malgré les démarches théoriques de Raymond Bourdon sur la composition de l'ordre et du désordre tel qu'il est énoncé dans son fameux ouvrage intitulé:" La place du désordre". En ce sens, on peut dire que l'approche systémique a des limites considérables. C'est pourquoi je fais appel à une autre approche: l'approche critique qui, de manière complémentaire, aidera à saisir le fait que je veux étudier.

Une situation sociale et politique peut s'avérer fortement choquante pour un groupe social tandis qu'un autre groupe n'en sera profondement guère affecté profondément (cela ne déroge pas l'approche systémique). Ce fait dépend de la façon dont les différents groupes sociaux gèrent et digèrent la situation en question. Une situation de violence par exemple (violence sociale, violence politique) n'affecte pas les différents groupes dans la même proportion. Ce n'est pas par exemple la pauvreté elle-même (en soi) qui incite à la violence, mais c'est le goût du gain, le goût de l'exploitation, le gout de l'amour du pouvoir. La violence physique provoquerait la violence psychologique et cette dernière attire le rejet de collaboration et le refus brutal. C'est également le refus de partager qui porte l'affamé à vouloir déroger à la paix. La réaction à la violence (violence physique, émotionelle ou psychologue) devient légitime. Cette légitimité est sociale ou nationale, individuelle ou collective. Elle est une réponse qui peut avoir sa source dans l'esprit même de toute victime innocente à quelque société ou classe sociale qu'elle appartienne.

Les maîtres blancs par exemple étaient violents par souci du gain et par souci de sauvegarder leurs intérets, craignant d'être dépassés par un consensus révolutionnaire des opprimés. Si la pauvreté devient un élément générateur de violence c'est tout simplement parce que le pauvre ou le déshérité a une insatisfaction que le système ne peut combler. La corrélation n'est pas toujours positive. L'histoire a retenu que certaines fois la corrélation entre la richesse et la violence devient positive alors que celle entre la pauvreté et la violence est négative. Il faut aller à la compréhension du fonctionnement du système, ses finalités manifestes et ses objectifs latents pour mieux cerner ces faits.

L'interprétation de ce genre de faits est souvent liée à la dimension idéologique du penseur. C'est pourquoi, il ne faut pas toujours se fier aux critères d'évaluation de certains organismes qui, idéologiquement, définissent les paramètres et les sources de la pauvreté et du sous-développement sans tenir compte de la réalité culturelle et des composantes idéologiques internationales.

Pour ce qui est de l'approche critique à dimension marxiste, elle permet de faire des ouvertures théoriques. C'est-à-dire qu'elle permet de placer les paysans et les ouvriers non seulement dans un contexte culturaliste mais également dans une nouvelle dimension sociologique, capable de faire le lien entre le positif et le négatif. Elle est la phase qui permet d'analyser les rapports des conflits. A ce niveau, «il s'agit de déceler ce qui, à un moment donné, brime la marche de l'homme vers une plus grande liberté.[4]» Les ouvertures sociales de la paysannerie, qui prolonge une existence tourmentée par les turpitudes de la vie, réduisent les contraintes culturelles du paysan et rendent celui-ci beaucoup plus rigides économiquement parlant. Alors, en quoi le paysan recherche-t-il cette liberté? Bien sûr, à travers une conception du bien-être socio-économique. Ceci montre à plus forte raison comment le marxisme, qui a approfondi certaines notions relatives à la pauvreté, à la misère, à la domination, à l'exploitation, peut à certains égards faciliter l'étude des transformations sociales, non seulement dans un contexte de production sociale globale mais aussi et surtout en ce qui concerne la "quotidienneté-actionnaliste" de la vie paysanne, des groupes ou des partis politiques.

Il y a des groupes qui souffrent de symptômes de déséquilibre institutionnel, de faiblesse idéologique, de manque de personnalité

4   Marcel Rioux, *Essai de sociologie critique*, Québec, Hurtubise, HMH, 1978, p. 17.

morale. La compréhension de la complexité du mal exige une méthode approfondie. Les groupes qui ont une assise liée à la planification rigoureuse plus ou moins rationnelle, à partir d'objectifs, de buts et d'orientation scientifique sont plus aptes à survivre, à perdurer et à réussir dans leurs visées. Comment comprendre que la même foule (sympatisants, fanatiques, membres actifs etc.) qui applaudit une action politique aujourd'hui peut, quelque temps après, la dénigrer?

Pour le marxiste, les modes de comportement, je dirais de préférence la notion de culture sont inséparables de l'analyse des classes sociales et de la lutte des classes parce que les intérêts sont divergents. La théorie marxiste, étant fondamentalement l'étude des conflits, permet de comprendre que les notions du rôle de la violence, de la résignation, de l'acceptation et de transformations sociales, dans une situation de crise et de discours violents, ont une base, une genèse. D'ailleurs, Marcel Rioux en a fait une bonne considération de la composition de deux approches quand il a avancé ce qui suit: «Cela veut dire aussi que le point de vue critique ne s'oppose pas aux autres----positif et herméneutique----ni qu'il réclame une espèce de légitimité que les autres n'auraient. C'est de complémentarité qu'il s'agit.[5]» Cette conception complémentariste de Rioux rejoint la mienne, c'est-à-dire, celle qui permet de saisir ou d'étudier un même fait social à partir d'une démarche théorique complémentaire. Elle peut permettre aussi de saisir les changements, les orientations, les actions des hommes, somme toute, les transformations sociales que propulsent les mouvements sociaux. Et puisque les changements sont multicausaux, il convient de combiner les deux facteurs pour une explication rationnelle du fait sous investigation.

Dans cette perspective, j'évite l'erreur de vouloir rejeter certaines théories aux dépens d'autres, tout simplement parce qu'elles sont remplaçables par d'autres. Or, puisque chaque théorie

5   Marcel Rioux, *Op.cit.*, p. 9.

explique une partie de la réalité, pour étudier cette réalité plus profondément et plus ou moins totalement, je pense qu'il y a lieu de procéder de cette façon, c'est-à-dire par complémentarité théorique.

b) Division des chapitres

Ce travail comporte trois (3) chapitres. Le premier établit une vue d'ensemble succinte sur les paramètres qui conduisent à la formation de la classe paysanne et le caractère de celle-ci comme travailleur de la terre, véritable préalable à l'analyse idéologique de ces vingt ans de lutte. Le deuxième chapitre traite de la question de la gauche et l'introduction de cette idéologie en milieu paysan à côté de la droite et de l'apport des ouvriers dans ce processus. Le troisième établit le contexte de l'évolution de cette idéologie dans le processus de lutte pour le changement.

Chapitre I: Les Premiers paramètres

IDEOLOGIE ET FORMATION PAYSANNE

LE TOURNANT DE LA PÉRIODE révolutionaire de 1804 et les politiques gouvernementales successives ont grandement contribué à alimenter le fondement et la formation du caractère et de la personnalité de l'homme paysan attaché aux travaux des champs. Celui-ci, pour des raisons économiques, n'a pas été déchaîné du joug des champs. Il continue, sous la forme de travailleur agricole libre, à s'adonner à l'agriculture comme activité principale de sa vie quotidienne.

Déjà dans Saint-Domingue esclavagiste et, ensuite, dans Haïti indépendante, les circonstances sociales de la vie rurale ont façonné, sous plusieurs formes, la mentalité de l'homme du rural, ses modes de vie, ses différents types de comportement, individuel, collectif, communautaire. Pour certains, c'est une mentalité abrutie qui conduit ou oriente le comportement du paysan, alors que pour d'autres, il s'agit de la prudence et de la méfiance qui sous-tendent sa philosophie de vie. Dans les deux cas, il y a une origine lointaine de son comportement et une source occasionnelle qui entoure ses actes. En ce qui concerne la première source, l'origine lointaine, il faut aller dans la race des Cibonneys, des Arrawaks, des Tainos, les premiers habitants, et les nègres d'Afrique, les mulâtres, fils de blancs et de nègres qui sont appauvris ou qui ont été dépossédés de leurs biens par des groupes sociaux dominants vivant de l'exploitation des autres même après l'indépendance. En fait, "L'homme du monde rural" s'était vu obligé de rester attaché à l'agriculture pour sa survie.

Malheureusement, les nombreuses tentatives d'amélioration des conditions de vie entreprises par certains leaders politiques et hommes d'Etat, descendants, pour la plupart, de paysans, restent encore sans succès dans les campagnes dépourvues quasiment de toute structure. Deux siècles après l'éclatante victoire des masses exploitées, les paysans, la classe politique et l'élite intellectuelle du pays vivent encore dans des "conflits internes" de nature destructive, depuis notamment l'affaire Moyse. Car, comme on le sait, les valeurs idéologiques opposent souvent les hommes entre eux. Et, dans la perspective de comprendre et d'interpréter certains de des conflits socio-politiques, il convient de situer les choses dans un contexte idéologique. C'était un conflit socio-politique opposant Toussaint Louverture et son neveu Moise. L'histoire a retenu que Moyse était partisan de la petite propriété. Et en ce sens, des historiens prêtent à Moyse des idées nettement opposées à Toussaint.

Moyse professait l'idée que la liberté des masses noires ne pouvaient être garantie que par l'établissement de la petite propriété, c'est à dire, à partir du morcellement des grandes habitations en lots à céder aux soldats et aux cultivateurs. La force du nouveau peuple, pour Moyse, était surtout dans le rattachement au sol, la possession de la terre qu'ils cultivent étant la garantie de la liberté individuelle. Telle n'est pas la vision de Toussaint Louverture. Ce dernier, après avoir rompu le pacte colonial par la signature des accords commerciaux avec l'Angleterre et les Etats-Unis d'Amérique, entendit redonner à Saint-Domingue la prospérité économique qu'elle avait connue aux environs de 1783. Pour y parvenir, il décida la mobilisation des masses et adopta le système de la grande propriété.

Mésinterprétation, incompréhension, mésentente, contradiction débouchent sur un conflit qui a couté la mort à Moyse, neveu de Toussaint. Malgré ces états de confusion idéologique, noirs et mulatres, face à un système d'exploitation inacceptable, ont dû s'unir pour réorienter la vie.

L'histoire a retenu que c'est à Saint-Domingue que réussit la seule révolte d'esclaves de l'histoire de l'humanité, et que fut fondé en 1804 le premier pays indépendant du Nouveau Monde après les Etats-Unis (1776)---cela malgré l'envoi dans la colonie en 1802, par le Premier Consul Bonaparte, d'un corps expéditionnaire ayant pour mission d'y rétablir l'autorité de la métropole ainsi que la traite des noirs et l'esclavage.

Le peuple haïtien a été le seul à avoir arraché l'indépendance par la force des armes et sans aide étrangère. Ainsi a-t-il provoqué une révolution non seulement politique mais aussi sociale pour l'histoire de l'humanité. La bataille a abouti au premier janvier 1804. Elle a fait échec à l'une des plus grandes puissances occidentales d'alors, dirigée par Napoléon Bonaparte. Ce mouvement révolutionnaire reste dans les annales de l'histoire de l'humanité un fait sans précédent qui, à cette époque-là, paraissait impossible: les maîtres blancs ont été maîtrisés et mis hors d'état de nuire. Pour la première fois dans l'histoire, une armée européenne capitule devant un général noir, c'était en 1798. Devant son incompréhension de la question haïtienne, le premier complot du bloc occidental contre la masse des révoltés, avides de s'organiser et assoifés de mieux être, fut de nier le rêve des combattants de changer la vie pour toujours et de transformer celle-ci en bonheur social et culturel, seul capable d'amener le nouvel Etat vers un développement tout à fait équilibré.

Loin de l'encadrer et de l'accompagner dans ce processus, les classes dominantes de l'occident capitaliste préféraient ne pas reconnaître l'indépendance d'Haïti en piétinant la politique gouvernementale des premiers dirigeants du pays. Cependant, les politiques de Toussaint Louverture, complétées par celles de Jean-Jacques Dessalines, avaient eu le temps de gagner les esprits révolutionnaires. L'idéologie révolutionnaire qui, d'ailleurs germait dans le sang des générations successives, a été traduite en acte, soit de manière lente, soit de manière brutale, à travers le comportement individuel et à la fois collectif de ceux qui sont déterminés à lutter pour un mieux-être généralisé. Un courant idéologique raciste venant de certains observateurs étrangers accompagne les activités révolutionnaires et le mouvement revendicatif du peuple haïtien.

L'expression "miracle nègre" a une signification. Cela veut dire que le nègre est incapable de bonnes chose, l'Haïtien est non-rationnel, non-scientifique, incapable de révolutionner, incapable par lui-même de changer le cours de l'histoire vers une vie meilleure, incapable de moderniser, incapable de merveilles et de grandes choses, seule la Providence peut le faire pour lui.

Aux environs de 1898, les racistes européens avaient soutenu de grandes thèses pour montrer qu'il existe des races inférieures et des races supérieures. Pour alimenter la raciologie, de sérieuses recherches sont faites dans ce domaine. Certaines ont pris l'exemple d'Haïti, à une époque de guerre civile, pour justifier leur idéologie raciste et pour démontrer que les noirs ne peuvent s'auto-diriger. De grands noms sont connus comme Lapourge, Almond, sans oublier Julien-Joseph Virey avec son "*Histoire naturelle du genre humain*" publiée aux environs de 1824; il a voulu démontrer l'infériorité congénitale des Africains et de leurs descendants. Et Sir Arthur de Gobineau avec son *"Essai sur l'inégalité des races humaines"*, publié aux environs de 1853; il a voulu prouver que la race noire est une race inférieure. Des intellectuels Haïtiens avaient protesté: on trouve entre autres Louis Joseph Janvier, Anténor Firmin et Demevar Delhomme.

Durant ces premiers moments de l'histoire nationale, c'était au nom des idéaux de la révolution française que les mouvements de libération idéologique ont souvent été faits. Pas de manière servile car il y a eu des ripostes ou des actions de contestation idéologique. L'Europe ne joue presque pas le rôle culturel de la diffusion des grandes idées. En matière de préparation des esprits et de lutte pour le changement socio-économique, l'Amérique latine a pris la relève en diffusant des idées de changement qui jusqu'ici donnent le ton (Pérou, Bolivie, Chili, Venezuela, entre autres), quoique les démarches de l'Amérique latine sont aujourd'hui diversement interprétées (interprétations relatives au mouvement révolutionnaire, au mouvement populiste, au mouvement socialiste, au mouvement de renforcement du capitalisme)

Dans cette même discussion idéologique se situent les mouvements qui ont abouti aux années 1986 et 1991 marquant le début de la fin d'une pensée haïtienne qui croyait qu'on pouvait construire sur les cendres du passé, et qui s'appuyait sur une démarche théorique relative à la promotion de la classe ouvrière pour ouvrir au peuple le chemin du changement dans un pays dont la majorité de la population est constituée de paysans. Ces mouvements inaugurent également une réflexion nouvelle qui signale le début d'une histoire, la prise de conscience de classe ou celle de la lutte des classes pour le vrai changement, mais une lutte malheureusement diversement orientée et qui plonge le pays dans la consternation la plus profonde. Certains pensent qu'aucune sortie de crise ne sera possible sans un réel changement des conditions de vie des paysans et, pour d'autres penseurs, il faut améliorer le sort des ouvriers.

En remontant dans l'histoire, il faut se rappeler que le 17 octobre 1806 fut le point de départ d'une division politico-sociale qui marque dans sa profondeur le processus historique de la vie de l'Haïtien. Cette division a touché, à tous égards, aux différents paliers de la diffusion des idéologies progressistes au sein de la nation. Il est à se rappeler le cri combien significatif et inoubliable du père fondateur de la patrie: "Et les pauvres noirs dont les pères sont en Afrique n'auront-ils donc rien?" Par cette exigence, l'Empereur Jacques 1er a transcendé la simple question de politique sectaire, et alla plus loin que son prédécesseur Toussaint Louverture, le précurseur de l'indépendance nationale. Il s'est penché, par ce cri, sur le sort des masses opprimées pour lesquelles il réclame une part des richesses nationales. Par son humanisme social, il s'est révélé capable de prendre position pour les pauvres. Par sa vision politico-sociale, il s'est évertué à réintégrer l'homme du rural dans une vie normale, communautaire, nationale, en voulant procéder à un changement réel et promouvoir un processus de développement équilibré.

L'idéologie première dite progressiste et révolutionnaire, celle de Louverture et de Dessalines, par la stratégie et la tactique de lutte qui consiste à replacer l'homme haïtien dans un univers de bonheur, englobe un humanisme social non seulement pour le pays mais également pour toute l'humanité souffrante. C'est cette idée qui accompagne les habitants du rural et les porte à espérer quand ceux-ci se sont transformés en travailleurs agricoles dans les campagnes.

Malgré la bonne volonté de ces travailleurs agricoles, malgré les démarches de Dessalines relatives à l'émancipation des masses, un nombre encore important de ces paysans et de leurs descendants restent sans terre. A côté de ce fait, l'histoire a retenu des actes de dépossession, d'expropriation de terres d'habitants du rural et de distribution aux gens déjà aisés qui vont constituer la classe dominante formée de tous ceux qui, par leur attitudes, leurs activités, leurs discours, enferment les masses rurales dans le cloisonnement de la pauvreté la plus absolue, sans eau potable, sans terre, sans alimentation équilibrée, sans électricité, sans éducation, sans soin de santé, sans structures administratives viables.

Cependant, la dissidence de quelques-uns de la classe bourgeoise pour se rallier au mouvement populaire reste encore faible. C'est la discussion menée sur les types de comportement de ceux qui se disent progressistes, "changementistes" ou " développementiste"; car nombre d'entre eux sortaient de la bourgeoisie et parlaient au nom de la masse pour se tailler une place politique et pour faire fortune.

Leurs démarches tendent à s'appuyer sur la question de lutte contre l'injustice sociale, l'immoralité, la répression en matière d'expression idéologique et contre la violence technologique sur des gens sans armes et sans défense. Ceci fait penser à l'idéal de 1804 d'après lequel les combattants ont mené une révolution sociale et également une révolution anti-colonialiste comme celle des Etats-Unis.

Cette responsabilité sociale, politique et idéologique, assumée par la classe politique, est encore en conflit avec les attentes et avec les idéologies diffusées en milieu rural, puisque l'idéologie de la droite était depuis longtemps à l'oeuvre et, plus tard, celle de la gauche a apporté sa note additionnelle dans le processus historique mais de manière contradictoire; c'est la logique, de manière opposée et conflictuelle; c'est normal.

Cependant, depuis la gestation de la formation paysanne, aucune lueur de construction durable de la pensée haïtienne ne se dessine dans une philosophie globale. Aucune idéologie de modernité visant à propulser le développement national n'en a encore émergé.

Aux abords de la vie politique, la production historique de la culture des hommes des champs et de la main d'oeuvre de l'industrie agricole naissante, de la sous-traitance, forme ce cadre de référence à l'extrapolation des activités et également de la politique de la gauche avec une vision révolutionnaire de changer les structures vétustes en faveur des masses populaires pauvres. Ces démarches idéologiques légitimement acceptées au sein de la société au cours de la seconde moitié du siècle dernier ont, depuis longtemps déjà, avoué leurs contributions respectives aux transformations sociales qu'a connues le peuple Haïtien. Pareilles démarches politiques ont déjà fait leurs preuves dans d'autres pays de l'Amérique latine et des Caraibes en termes de motivation. On peut tout simplement se rappeler les guerres de libération qui ont eu lieu dans certains pays latino-américains. Pour certains penseurs, il s'agit de guerre sociale anti-impérialiste, "anti-occupation", "anti-exploitation", "anti-domination'. Comprendre ce fait porte à aller au fond de l'histoire dans un sens étiologique pour comprendre les sources de certaines manifestations politiques, de certains mouvements sociaux. Telle n'est pas la problématique première ici. D'autres recherches détailleront ces histoires. Cependant, on ne peut s'empêcher d'évoquer et citer en passant des peuples comme ceux de la République dominicaine, du Chili et de la Bolivie qui ont connu de grands moments de lutte de libération sociale, sans oublier le Venezuela et Cuba; et les peuples d'Europe et ceux du Proche-Orient ont eu les leurs.

Ceci évoque et explique la tache d'huile de la démarche de libération des peuples opprimés et condense également les efforts consentis par la politique libératrice pour alléger le fardeau de ceux qui sont considérés comme des exclus de la société. C'est dans cette troublante et longue mouvance sociétale de transition politique et économique que se tissent les transformations sociales des peuples non-encore technologiquement avancés, notamment celles du peuple Haïtien dont la masse constitue, dans la trame de son histoire, une classe encore inorganisée, composite, en marge de la richesse nationale. La paysannerie, notamment la paysannerie parcellaire en Haïti, est l'une des composantes sociales les plus importantes par ses modes de vie, par ses valeurs culturelles et par son conflit psychologique avec les autres strates sociales pour épouser une idéologie politique qui soit capable de lui permettre d'engager le processus du développement. Par sa formation sociale et ses luttes politiques, la paysannerie parcellaire devient un acteur indispensable dans le jeu politique national.

En effet, les conditions de vie nées des conséquences des politiques gouvernementales successives après 1806, ont renforcé la division de la société haïtienne en deux cultures parallèles ou deux sous-cultures: la culture des groupes sociaux dominants ou classe dominante et la culture paysanne dominante en tant que modes de vie.

La société paysanne qui, d'un point de vue culturaliste, dessine les représentations collectives et pratiques des modes de vie qui forment la mentalité paysanne. Celle-ci est caractérisée par la nature des divers comportements culturel et social que le paysan parcellaire extériorise dans le cours de sa vie.

Par contre, ce qu'on appelle les groupes sociaux dominants consistent en habitants du monde urbain aisé et la majeure partie de ceux qui vivent dans la capitale, constituant une minorité de personnes représentant la bourgeoisie commerciale ou le comprador et l'élite du pouvoir---ou, plus généralement parlant la classe dominante. Ces groupes se comportent à l'américaine. La tendance est d'être à la mode parisienne et de cultiver les modes de vie classiques européens et le style américain. Au sommet, on les retoue. Il y a un effet d'assimilation pour les strates les plus proches. Leurs rêves sont de gravir la mobilité ascendante et d'atteindre les couches sociales supérieures de la société. Ils veulent presque tous appartenir aux classes dirigeantes du pays.

Tous parlent créole mais très peu d'entre eux font cas de la langue vernaculaire puisque la langue française, par héritage colonial, leur est resté la langue d'administration (publique et privée), la langue d'enseignement, et la langue également de communication courante au niveau de la haute bourgeoisie.

Ayant hérité de la colonisation une langue étrangère de communication, l'élite intellectuelle et la classe dirigeante s'en servent comme arme de domination et d'exclusion sociale. D'ailleurs, elle s'érige en aristocratie. C'est pourquoi le mouvement paysan est toujours en contestation contre la gestion des affaires publiques par l'aristocratie haïtienne.

Dans La Culture Paysanne

Je me propose d'appeler la culture paysanne, "culture parallèle" pour emprunter le mot de Fernand Dumont. Cette culture, comme modes de vie est, en principe, en conflit avec la culture globale. La paysannerie parcellaire forme une strate sociale spécifique du fait de ses modes de vie. S'adonnant à l'agriculture et à la petite exploitation ouvrière et parcellaire, les paysans ont souvent fait preuve de courage dans la lutte pour la survie. C'est l'un des éléments qui caractérisent leur vie et les valeurs fondamentales et intrinsèques de leur culture particulière.

La tradition est pour eux un support spirituel et moral dans le processus de la formation de la personnalité paysanne, et également dans les spheres culturelles de changement social. Celui-ci a facilité un type de modernisation à l'occidentale au lieu d'en être une barrière. La rencontre de la modernité et de la tradition a pour conséquence une vision de l'infusion du changement positif. Mais en même temps, elle érode un certain nombre de valeurs culturelles. Rappelons pour l'histoire que tout n'est pas mauvais comme certains tendent à le faire comprendre. Mais à part la sorcellerie que certaines gens confondent avec le vaudou, le paysan a une philosophie de vie et des traditions riches en termes de moralité. Il faut penser à fouiller dans la tradition paysanne pour en tirer des trésors immenses de la vie. L'un d'entre eux consiste dans les rapports sociaux. Par exemple, le respect des aînés est une valeur importante. Que les acculturés le décrient et veulent encore le décrier, peut-être par ignorance; mais il joue un rôle incontournable dans le comportement des enfants et la disposition de ceux-ci de pouvoir développer la grandeur d'âme, des rêves grandioses pour l'avenir. Les enfants n'ont pas le droit de rétorquer avec leurs parents, de siffler en leur visage, de faire l'amour ou de caresser en leur présence, d'échanger de longs baisers devant eux, sauf à l'occasion du mariage, ni d'injurier leurs parents. Le respect est la norme minimale d'un enfant à l'égard de ses parents. Enfants et jeunes doivent l'obéisance à leurs parents, ils doivent respecter et aider les personnes âgées et les vieillards. Les gens doivent secourir les malades, les souffrants; et l'enfant n'a pas le droit de chanter en présence de ses parents, et ils doivent s'habiller décemment et selon la volonté des parents qui savent choisir et leur veulent du bien dans l'accompagnement et le processus d'éducation des enfants. Ceux-ci suivent obligatoirement les ordres de ceux-là. C'est tout le monde de la communauté (parents, voisins et amis) qui participe à l'éducation de l'enfant.

La rationalité et la modernité à l'occidentale apportent des notes nouvelles dans le processus de transformations qui commencent à bouleverser les relations familiales, et déroger aux principes de la vie familiale et communautaire. Alors, la pauvreté et le besoin de changement ajoutent leurs notes également. Pourtant, c'est à travers les conflits sociaux que réside la recherche du changement. Rappelons que c'est en ce sens que Karl Marx cherche dans la lutte des classes l'explication des transformations sociales et politiques.

Il faut aller également dans les mouvements sociaux pour saisir le fondement de certaines manifestations politiques. Au cours de certaines périodes notre société fait face à de grands bouleversements socio-politiques caractérisés par des phases de transition socio-économique (il n'est pas question "d'anomie" qui est une absence de règles de conduite claires).

En même temps, les relations interpersonnelles se fragilisent. Et les sociabilités quotidiennes s'érodent pour donner un nouveau type de paysans. Mais quelques-uns tiennent encore aux valeurs socio-culturelles qui sous-tendent les relations familiales.

En ce qui concerne la perte des valeurs, il y a une poussée de nostalgie qui est liée à la tendance lointaine de rassemblement des parents et enfants, surtout l'après-midi ou le soir dans le cadre de la transmission des valeurs, véritable enseignement idéologique à travers les "contes", historiettes, blagues, proverbes, qui inculquent l'esprit de grandeur d'âme aux générations suivantes. Ce savoir-faire a contribué à étouffer l'esprit individualiste pour le remplacer, plus tard, chez les enfants par l'esprit collectiviste qui fonde les modes de vie de la paysannerie parcellaire. De cette conception lointaine de la vie collectiviste, est née l'idée d'association, de coopération, d'entraide pour la survie. Celle-ci dessine la formation sociale de la classe paysanne dont les paysans parcellaires restent la classe spécifique qui, issue des conséquences de la décolonisation d'un pays par une armée indigène de libération nationale, s'apprête à des moments donnés de leur vie, à réorienter l'histoire vers l'institution de la communauté familiale paysanne.

D'après Fitcher, «Les relations sociales et les rôles sociaux forment les éléments majeurs de l'institution. Une institution est une combinaison ou une configuration de modèle de comportement partagé par une pluralité et centré sur la satisfaction d'un besoin fondamental de groupe.[6]» Et l'auteur de dire: «Elles sont des modes de comportement par lesquels les gens en état d'association font les choses.»[7] L'on comprend que le processus d'exclusion sociale qui divise la société haïtienne en deux grandes classes dans un premier temps, la classe dirigeante urbaine francophone et, d'autre part, la classe dominée, exploitée, majoritairement rurale et économiquement pauvre, créolophone, dépourvue de la quasi-totalité des besoins fondamentaux ou besoins de base. Ce processus ne peut en aucune façon contredire la marche de l'histoire. Mais il ne fait qu'altérer l'humanisation du groupe social inférieur. Les relations sociales des classes infléchissent plusieurs types de comportement selon les classes sociales auxquelles appartiennent les groupes, ce qui entraîne l'élargissement des fosses entre les classes antagonistes.

C'est dans le sillage de ce processus de changement que la communauté familiale paysanne veut véhiculer le respect des parents, des aînés, des vieux, le partage, l'entraide…ce qui a toujours dicté l'esprit d'union des paysans, dont la plupart sont des descendants d'anciens soldats de l'armée indigène et dont les forces de travail ont souvent été exploitées. Par ce comportement, la vie paysanne était devenue une dérogation aux principes universels du capitalisme et une déviation au processus d'aliénation de la grande majorité, dont la vie est également comparée au système semi-féodal. La comparaison à ce système

---

6   Jean Fitcher, *La sociologie, notions de base*, Paris, Éditions Universiataires, 1996, p. 158.
7   Ibid., p. 158

est d'une époque révolue. Mais le saisir en tant que tel serait d'interpréter la démarche des oligarchies et la teneur des alinéas du code noir, et également le code rural de Boyer dans le sens d'un fait encore vivant. De plus, la bourgeoisie avait assis sa base capitaliste sur l'organisation d'une oligarchie qui entrait en contradiction avec la paysannerie parcellaire.

La prédominance de la bourgeoisie commerciale, secondée par l'élite intellectuelle d'expression française, influençait l'orientation capitaliste qui façonnait la formation du caractère et de la personnalité de ceux qui s'étaient livrés aux travaux des champs. L'antagonisme était réel.

La paysannerie constituait la couche sociale qui est née du renforcement des activités d'exploitation du système politique d'après l'indépendance. L'antagonisme entre ceux qui vivent dans l'opulence, possédant tous les moyens de production, et ceux qui n'ont rien, étant dépossédés de leurs biens et possédant seulement leurs forces de travail comme exploités, constituait une allégation au mauvais fonctionnement de l'appareil d'Etat. C'était également un processus d'aliénation sociale. Pourtant, au niveau de la classe paysanne/ouvrière, il y a, à la base, une conception d'un "égalitarisme socialisant" que l'impérialisme veut à tout prix détruire. La destruction ayant paru difficile, il fallait l'orienter vers un idéal de modernité ou de développement, juste pour apaiser la menace que constitue depuis longtemps le mouvement paysan. Pour éviter la propagation de l'idéologie paysanne, les nations impérialistes défient les objectifs des mouvements révolutionnaires. Ainsi, tout ce qui vient de l'initiative locale est paradoxalement contrôlé et orienté par les classes supérieures. En cela, il faut voir les répercussions sur le processus de changements d'initiatives locales, de projets induits par la mise en oeuvre des décisions, parfois relative au coût. Car il y a la matière à capitaliser. C'est dans l'exploitation des forces de travail des paysans et ouvriers que les groupes exploiteurs tirent leurs avantages économiques. Car, comme Karl Marx le dit: «L'existence d'une classe ne possédant rien que sa capacité de travail est une condition première nécessaire du capital.[8]»

En ce qui concerne la formation de la paysannerie parcellaire, mes deux précédents ouvrages[9] sur la paysannerie en parlent longuement. Cependant, il faut remonter dans le passé pour essayer de comprendre certains indicateurs.

Les conditions socio-économiques de certains peuples aliénés d'Amérique latine ont permis aux nationalistes sous Fidel Castro à Cuba et aux Sandinistes au Nicaragua de se présenter comme des radicaux et des socialistes anti-impérialistes.

Depuis 1970, et suite à l'éffondrement du bloc communiste, les grandes puissances capitalistes sont devenues prudentes, méfiantes et même agressives dans leurs rapports avec l'idéologie progressiste, "changementiste", révolutionnaire, avec les peuples du Tiers-Monde, ainsi qu'avec les mouvements sociaux qui en découlent. Par exemple, la question terrienne ou la réforme agraire est toujours une revendication présente dans les mouvements, notamment dans les mouvements paysans. Dans les rapports sociaux, politiques et économiques qu'entretiennent les paysans avec les autres classes sociales se tissent des relations de production. Pour répéter ce que dit Karl Marx:

«Dans la production, les hommes n'agissent pas seulement sur la nature, mais aussi les uns sur les autres. Ils ne produisent qu'en collaborant d'une manière déterminée et en échangeant entre

---

8   Karl Marx, Travail salarié et Capital, Union soviatique, Editions du Progrès, Ed. 1976, pp. 28-29.
9   Pierre Simpson Gabaud, Associationnisme paysan en Haïti: Effets de permanence et de rupture, Port-au-Prince, Editions des Antilles, 2000. Et également, L'éclatement de la communauté paysanne, une etude sur la vie rurale en Haïti, Florida, 2005.

eux leurs activités.[10] Et Karl Marx de poursuivre en disant, «Pour produire, ils entrent en relations et en rapports déterminés les uns avec les autres, et ce n'est que dans les limites de ces relations et de ces rapports sociaux que s'établit leur action sur la nature, la production.[11]»

En termes de sociologie et de philosophie notamment, il y a un rapport étroit entre la production sociale et la production idéologique, voire la production culturelle et politique. La plupart des penseurs haïtiens croient que la gauche est une simple production politique, introduite en milieu rural par des leaders de gauche et les communistes haïtiens. Beaucoup d'entre eux ont habilement soutenu cette hyppothèse sans penser à la nature des choses (le collectivisme), secondée par les lettres et les arts, qui, par leur teneur, présentent les activités manifestes et les idéologies latentes retrouvées en milieu paysan et soutenues par des fils de paysans, intellectuels évolués en milieu urbain. Ce sont ces intellectuels, pour la plupart, fils de paysans, qui, à travers l'histoire, ont prêché le changement et la révolution.

Dans le passé, la méfiance paysanne à l'endroit des intelllectuels était moindre car les relations entre l'élite intellectuelle et la paysannerie étaient sentimentalement, filialement et familialement plus cordiales qu'aujourd'hui. Ces intellectuels sont très efficaces dans leurs démarches, mais celles-ci restent au niveau des lettres, de la littérature, de la poésie. Alors, le paysan en est très distant vu qu'il n'assimile pas la "finalité immédiate" de cette idéologie diffusée à travers les lettres haïtiennes. De plus, il est analphabète. Pour certains, le paysan ne croit plus dans la "démagogie" et veut des choses pratiques dans la solution de ses problèmes. Le court terme compte beaucoup pour lui. Pour d'autres, le paysan réalise que l'intellectuel haïtien l'utilise seulement pour s'enrichir et n'arrive pas à distinguer le vrai progressiste du faux.

10 Karl Marx, op.cit., p.27
11 Karl Marx, *Op.cit.,* p. 27.

Pourtant, depuis le début du siècle dernier, d'excellents auteurs haïtiens s'engagent à militer pour changer les conditions de vie des masses pauvres. Par contre, dans le processus de croissance économique, si croissance il y avait, la classe paysanne était littéralement exclue parce que tout était spirituellement tourné vers la bourgeoisie et également vers les habitants des grandes villes. Ainsi, l'intégration socio-économique des paysans parcellaires à la modernité posait un sérieux problème.

Au tournant des années 1920, la situation socio-politique de l'intelligentsia haïtienne a pris une autre tournure et certains progressistes commençaient à se préoccuper fondamentalement de la vie des paysans.

L'indigénisme se termine sans avoir édicté des réponses solides aux problèmes essentiels des masses opprimées; le prolétariat d'alors représenté par les gens de maison, les cuisinières, les servantes ou bonnes, les garçons de cour, les petits commerçants, les journaliers, etc., ne s'était pas vu dans les chantres des écrivains indigénistes. Jusqu'à la fin du siècle dernier, les différentes occupations militaires du pays coloraient les écrits des écrivains. Il fallait attendre le savant Jacques Roumain qui, dans "Gouverneur de la Rosée" a embrassé le début de la diffusion manifeste de l'idéologie de la paysannerie dans presque tous ses contours. Fondateur du Parti Communiste Haïtien, Roumain a introduit, comme une bombe sans précedent, l'idéologie marxixte en milieu rural par le biais de ses amis et collègues qui en ont fait la promotion. Mais les paysans ignoraient ce que c'était sinon un mouvement de libération (économique).

Parler aux paysans en leur disant qu'il y a un mouvement politique pour les faire sortir de la pauvreté sera bien accueilli, mais avec peur et suspicion. Leur parler de révolution ce sera reçu avec prudence! Leur faire croire en une idéologie, ce sera de la diatribe! Pourtant l'idéologie y est. Elle est dans les discours paysans et se traduit dans les différents comportements qu'affiche chaque paysan devant les circonstances politiques.

Les fils de paysans semblent avoir fait la promotion de cette idéologie en milieu paysan, chez leurs parents et voisins sous l'appellation de changement. Mais, malheureusement, les questions pertinentes de son éventuelle arrestation, de son exil et des déboires et persecutions politiques qui en découleront ne facilitent pas une implantation stratégique de la "Gauche socialiste" dans le processus de la vie de la paysannerie.

Dans le cours de l'histoire, beaucoup d'intellectuels vont abonder dans le sens de la vision de Roumain en souhaitant que les paysans s'unissent tout en oubliant toute déchirure, tout conflit, et en promettant l'établissement d'un cadre de réconciliation au niveau des masses exploitées pour reconstruire la vie paysanne sous une autre forme. Le socialisme chez Roumain est humaniste et l'idéologie marxiste qui se dégage de son oeuvre à portée littéraire mondiale, est source première ou lointaine de toute pensée socialiste qui aurait animé l'histoire de la vie paysanne et mis en lumière la lutte des classes dans le pays. Il est entendu qu'il était difficile d'aboutir à une impression profonde de la gauche dans la paysannerie sans avoir un progressiste au pouvoir. En 1946, la gauche trouva le président Dumarsais Estimé trop faible, trop timide, trop poltron, trop puéril idéologiquement parlant pour engager définitivement un processus révolutionnaire en faveur de la paysannerie et des masses pauvres. Le lumpenprolétariat se reformule sans idée de populisme. Alors, le réalisme socialiste du prolétariat haïtien a été pourtant secoué par le manque de raffermissement de la conscience de classe; cette absence relative de la conscience de classe prolétarienne posait problème par rapport à un paysan qui n'aurait jamais visé l'industrie (dans le sens de la transformation de l'agriculture en industrie pour la création d'emplois durables) mais, pourtant, se transforme en ouvrier agricole. Cependant, Jacques Roumain, ralliait les ouvriers aux paysans, au moins de manière théorique, par le biais de la literature. Il a voulu montrer concrètement comment parvenir à la nouvelle vie en milieu rural par l'infusion de l'idéologie.

La recherche de la praxis est le fond de son roman, dont le symbolisme attire encore l'attention des penseurs. En cette matière, c'est à dire par ce symbolisme, Roumain fit la part des choses entre le spirituel et le temporel. Certaines pratiques paysannes qui ne valent rien et sur lesquelles les paysans comptaient encore ne rapportaient rien au processus de développement, démontre-t-il. L'appel des loas ne peut rien contre la misère, contre la pauvreté et le sous-developpement, fait-il savoir. Il a montré qu'il faut des théories scientifiques et idéologiques. S'enlisant de plus en plus dans la misère, le paysan cherche des ouvertures. Roumain ouvre leurs yeux sur le rassemblement, la solidarité communautaire, dont le fondement est le collectivisme, comme action capable d'irriguer les forces éparses en vue du changement. Mais pour aboutir à ceci, il faut une victime, un sacrifice qui ne serait plus les animaux dédiés aux loas, mais des hommes et des femmes qui auraient accepté de s'offrir en holocauste en acceptant de travailler pour le changement au péril de leur vie sans penser à s'enrichir illicitement, à piller le trésor public, à gagner de l'argent au nom des paysans sous quel que prétexte que ce soit, mais à travailler pour la cause paysanne, pour la classe exploitée, méprisée, inférioriseé, dominée et bafouée. En se comportant ainsi, il faut toujours s'attendre, décrit Roumain, à un Gervilien pour déranger les choses, pour vendre les hommes, pour éliminer et empêcher le processus de développement et essayer de bloquer le processus du changement. Gervilien symbolise l'anti-changement, l'anti-développement, le perfide, le groupe dangereux, le rétrograde, le réactionnaire qui prétend venger la famille et qui refuse la réconciliation haïtienne.

Enfin! Cependant, si tout est fait selon la diffusion de l'idéologie, comme a dit Roumain, la nouvelle génération, l'enfant de Anaïse, conçue dans la misère, la pauvreté et le sous-développement, aux abords de la division et de l'éclatement, sera née, formée et aura grandi pendant le changement, pendant le développement à l'union qui fait la force, à la réconciliation du peuple avec lui-même. Il n'y a pas seulement l'aspect économique mais également l'aspect social qui sous-tend le processus de changement. Comme Karl Marx le dit: «Le capital représente, lui aussi, des rapports sociaux.[12]»

Malgré la bonne foi de Délira, il y aura toujours, d'après le symbolisme du roman paysan, des gens qui, pour une raison ou pour une autre, se retireront de la lutte pour le changement parce qu'ils sont sectaires, individualists; c'est l'image de Dorelien, père de Manuel, qui aurait préféré partir au lieu de contribuer au processus. L'eau, c'est la vie. Il faut aller à la recherche de la vie meilleure, et pour ce faire, il faut une concertation de tous pour le changement, une véritable application de la théorie à la praxis dans le sens de la complémentarité des classes sociales luttant pour le changement.

Par cette pratique communautaire décrite dans son roman paysan, Roumain met en lumière la vie sociale et et le comportement socialiste de la paysannerie. C'est une nouvelle façon de repenser la question de la réforme agraire dans la lutte des classes selon la théorie marxiste. Car pour l'auteur, les premières idées de changement fondées sur la foi et les dieux vaudou ou tutélaires n'avaient pas de base sociale solide, puisque la révolution haïtienne, en détruisant le système colonial esclavagiste et s'étant appuyée sur les grandes propriétés, a transformé les anciens esclaves en paysans parcellaires ou paysans sans terre constituant la masse des plus pauvres. Les paysans reconnaissent également que ce ne sont pas les dieux vaudou qui les ont rendus pauvres. Par contre, les activités socio-politiques de changement n'ont pas pu non plus,

12 Karl Marx, *Op. Cit.*, p. 27.

jusqu'à la publication du *Gouverneur de la Rosée*, porter le fruit escompté pour les paysans.

Les différentes révoltes paysannes (dont quelques-unes sont évoquées plus loin) indiquent le comportement de la lutte anti-impérialiste (impérialisme, stade suprême du capitalisme) que mène sur plusieurs fronts la jeunesse haïtienne (urbaine et rurale) sous l'égide des idéologies du changement.

La classe ouvrière, à elle seule, ne peut engendrer le processus de "changement". Il fera choc au capitalisme de monopole qui, lui, est une application de la théorie des bureaucrates. Les grands penseurs qui soulèvent des questions d'ordre socialiste comme Lénine, Boukharine, jusqu'à Samir Amin, Pol Pot etc. le reconnaissent bien. La classe ouvrière paraît aujourd'hui incapable de transformer une société à majorité paysanne.

Depuis son introduction à la nation, le parti communiste a souvent connu des dissensions. Conséquemment, l'idéologie marxiste véhiculée par les leaders de gauche n'a pas toujours été bien vue; d'une part et d'autre part, les regroupements des idéologues et praticiens marxistes sont souvent des partis d'intellectuels bourgeois qui refusent ou qui n'ont aucune attache avec la paysannerie. Celle-ci connaît, elle aussi, des atermoiements successifs.

Alors, l'important est de savoir que la paysannerie intériorise un ensemble de valeurs culturelles liées aux idées de changement et par lesquelles le paysan, par sa rationalité économique, justifie que la première Révolution haïtienne a été objectivement anti-capitaliste. Car l'esclave, devenant paysan, fut d'abord une marchandise avant d'avoir été un producteur de denrées dans les champs. C'est à partir de ses traditions qu'il entend changer ses conditions matérielles et spirituelles en reprenant ses habitudes d'entraide et de vie communautaire basée sur le sentiment du collectivisme. Presque tout se trouvait dans l'indivision.

Mais aucune société ne change radicalement, car chaque phase de changement comporte des éléments de stabilité, soit politiques, culturels ou sociaux sur lesquels s'appuient les mouvements sociaux; ceux-ci, au regard de la politique reste un atout pour exploiter les avenues du changement en essayant de canaliser les forces paysannes vers la création des moyens de transformations sociales.. Telle a été la pensée des premiers socialistes. Cette question d'accumulation socialiste aux dépens de la paysannerie repose sur une vision de transformation des forces sociales du travail. Or, de la force de travail des paysans à la force de travail des ouvriers en matière de sous-traitance révèle d'une préoccupation essentiellement capitaliste dans un contexte de démocratie libérale.

Peut-on parvenir à la conclusion selon laquelle la transformation des paysans en ouvriers ou petits entrepreneurs est capable de porter la société Haïtienne à une étape sociale plus juste et plus humaine? Le nouveau rôle de cet acteur social qu'est le mouvement paysan, dans le contexte de la régulation sociale, ne parvient pas à établir un rapport d'équilibre. Bien au contraire: «Le fait que la paysannerie est en relation sociale, politique et économique avec d'autres classes sociales, constitue un rapport de pouvoir dans lequel se trouve inclus son mouvement social. Ce rapport de pouvoir s'explique par les effets et les tentatives de domination, d'exploitation de la paysannerie par les élites modernisantes, par l'Etat, par les leaders politiques et les instigateurs de développement.[13]»

Cependant, de ce rapport social et ce rapport de pouvoir, est sortie

---

13 Pierre Simpson Gabaud, *Associationnisme paysan en Haïti: Effets de permanence et de rupture*, Port-au-Prince, Editions des Antilles, 2ème édition, 2001, p. 158.

une conception idéologique nouvelle qui traverse la paysannerie. Cette conception est renforcée plus tard par René Théodore, un des tenants du Parti Communiste Haïtien, connu, à l'époque, sous le non de Parti Unifié des Communistes Haïtiens (PUCH) qui, en 1986, éveilla les consciences par ses démarches politiques, ses conferences et ses causeries. Il attire l'attention des étudiants ainsi que des professeurs des sécole, des instituts et des universités sur la question de "changement en profondeur" par la voie du marxisme, en ouvrant les yeux de plus d'un sur l'aliénation des "classes inférieures". De manière spécifique, une telle démarche a conçu l'idée que dans un pays comme Haïti, l'idéologie socialiste/communiste cerne la lutte d'interêts entre l'élite bureaucratique d'Etat et les classes ouvrière et paysanne.

Il ne serait pas inutile d'entrer ici dans des détails sur les travaux des socialistes/communistes haïtiens. Après l'équipe de Dorléans, René Théodore est l'un de ceux qui, à la suite de Jacques Roumain, a fait valoir ouvertement que toute transformation sociale aujourd'hui doit s'accompagner de la conscience de classe et de la lutte des classes. Il n'y aura pas de "miracle blanc" pour Haïti. La génération socialiste/communiste de Dorléans déjà vieillissante ne fait qu'observer alors que les disciples de Théodore pullulent.

Le pays doit compter d'abord sur ses propres forces et sur ses propres fils, alors, ensuite viendront les autres encadrements étrangers. Car l'établissement de meilleures conditions de vie et du bon fonctionnement des institutions par rapport aux besoins de la population, comme la cause principale de chaque séquence de transformations sociales haïtiennes en général et dans le monde paysan en particulier, serait une nécessité. Il importe de se demander pourquoi à des moments donnés de l'histoire, la paysannerie, en tant que mode de vie, a dû à la fois se renforcer et se fragiliser pendant que les valeurs urbaines dépérissaient. Non seulement les valeurs paysannes ne pouvaient résister à l'introduction des valeurs occidentales, mais qu'il leur était impossible de lutter contre les forces extérieures. Aujourd'hui les valeurs occidentales sont sur le point de l'emporter. Victoire qui ne sera pas sans consequences!

Il n'y a pas de doute que la population paysanne ouvre, pendant ces dernières années, à la pénétration culturelle. Or la même tendance persiste encore, dans le cours des temps, à s'adapter au climat politique des valeurs culturelles extérieures. La formation des communautés familiales paysannes solidement collectivistes qu'on retrouve circonscrites dans les régions où existent les cours paysannes ou Lakou s'érodaient. Les normes familiales de solidarité entre membres de la communauté dont l'expression est la forme classique des associations collectives, contre tout nationalisme bourgeois, éclataient. Le jeu politique et économique des classes dans la pyramide sociale, sans s'écrouler, renforçait la position des institutions par rapport à la base sociale. Ainsi, toute relation entre superstructure et infrastructure était dominée par une hostilité de relation entre les classes inférieures (paysans, ouvriers pauvres et les masses) et les classes supérieures (bourgeois et élites).

Briser ce cloisonnement impliquaient les démarches de 1983.

La génération de 1986 (après le départ des Duvalier) a été pétrie dans l'idéologie communiste/socialiste. On trouve des sympathisants venant de partout, notamment de la faculté des Sciences et de l'Ecole Normale Supérieure comme berceau d'accueil des sympathisants, et la diffusion assurée par la faculté d'Ethnologie, la faculté des Sciences Humaines, la faculté de Médecine et la faculté d'Agronomie, notamment. En fait, toutes les facultés s'y mêlaient, en pronant le changement sous l'égide de l'idéologie de la gauche. La jeune génération est entrée dans un processus politique (un nombre important d'étudiants y participaient naïvement, poussés par l'émotion psychologique des mouvements de foule d'alors), en épousant l'expression générale d'une lutte de classes pour réorienter le mouvement historique du pays. Elle veut répondre aux principes théoriques et pratiques de Marx et d'Engels, selon lesquels le communisme est le mouvement réel vers l'émancipation sociale. C'est le fondement du mouvement! Mais cette émancipation ne peut se faire sans conflit. Comment faire le lien entre paysan et ouvrier dans ce contexte d'émancipation populaire où les masses opprimées, exclues et exploitées survivront les diffultés liées aux politiques gouvernementales, dans une situation de transition politique quasiment chaotique? D'ailleurs, il n'existe aucun fonctionnement organique réel entre le développement de l'agriculture et l'industrie dans le sens de l'émancipation des travailleurs industriels. Mais, l'agriculture (encore non mécanisée) constitue le domaine privilegié des paysans, alors que l'effort des progressistes socialistes n'a pas abouti à s'établir de manière claire et nette dans les zones rurales. En ces termes, il convient d'éviter tout conflit virtuel, psychologique ou réel entre les deux classes de base qui sont la classe paysanne et la classe ouvrière. Celle-ci devait souvent se greffer à celle-là, dans la pensée politique haïtienne, pour former "une seule classe" en vue d'aboutir à l'émancipation sociale haïtienne. Rappelons que «Gramsci souligne au contraire la primauté de la société civile. Ainsi, la bourgeoisie française a mené une lutte séculaire pour l'hégémonie idéologique avant de pouvoir asseoir politiquement sa domination.[14]»

La démarche idéologique ramenait cette pensée haïtienne sur le terrain de la politique pure et mettait l'accent sur la réduction du fossé entre une pauvreté chronique, atroce pour une majorité, et une opulence de richesse pour une minorité de privilégiés.

Comment relever le défi d'agencer une vie humaine haïtienne plus juste? Comment aboutir à une gestion du social plus équilibrée? Comment arriver à combler les attentes sociales et à une redistribution des richesses sans heurt et sans déchirement? Tel est le défi social du début du siècle présent pour Haïti.

---

14 Jean-Pierre Cot (et al), Op.Cit., p. 60.

Pour ce qui est de la recherche de l'égalité, il faut dire que le comportement des paysans est souvent motivé par la quête incessante de la liberté et de l'égalité. C'est déjà une ouverture qui facilite le développement du mouvement communiste en milieu paysan. Le nationalisme n'a pas été la réponse. Car l'intégration des paysans aux affaires de l'Etat a été superficielle et toujours de courte durée. On se rappelle que le nationalisme a été un encadrement idéologique obligé de l'époque. Il est né de la corvée rétablie dans les zones rurales par les troupes américaines qui ont envahi Haïti en 1915 et qui ont massacré plus de 3.000 paysans haïtiens qui contestaient l'expropriation de leurs terres par les grandes compagnies américaines. Le fondement du nationalisme se trouve dans les souffrances des masses, dans la misère des paysans, accrue par l'impérialisme. Ce fondement comprend également la lutte contre le travail forcé et la dépossession . En ce sens, le travail collectif forcé n'est pas profitable aux paysans; le capitalisme l'a transformé à ses propres intérêts. Mais le manifeste de 1934 n'y apporte pas de solutions pratiques, sinon une conscience de lutte anti-impérialiste, qui met en lumière l'opposition claire et nette entre superstructure et infrastrucure. En effet, quelle est la place et le rôle joué par les tenants de la gauche dans l'échelle de la superstructure et comment ont-ils établi leur rapport culturel avec l'infrastructure? Car, d'après Jean-Pierre Cot et Jean-Pierre Mounier: «C'est par leurs rapports avec le marxisme que se définissent souvent les nationalismes des pays récemment colonisés.[15]»

Il faut reconnaître que l'agriculture capitaliste est le modèle de la campagne mécanisée américaine. Tout mouvement doit être intercepté et orienté en lui-même et par lui-même, ou forcé de l'être à l'aide des concepts d'acculturation extensive ou intensive, de domination formelle ou réelle.

---

15 Jean-Pierre Cot (et al), *Pour une sociologie politique*, tome 1, Paris, Editions du Seuil, 1974, p.99.

Dans la diffusion des idées politiques en milieu rural, le paysan s'exprime toujours et se prononce très fortement en faveur du changement. Il affirme être trop pauvre et trop pillé par les gens aisés du pays. Quand il dit avoir reconnu que ce sont les autorités de la ville qui le met dans cette situation de misère atroce, il exprime sa volonté de lutter contre l'Etat ponctionneur. Et quand il collabore avec l'Etat, c'est pour bénéficier des avantages que donne le pouvoir politique. Mais l'Etat est toujours pour lui un mauvais modèle, comme certaines ONG ou organismes. Voilà pourquoi, certaines fois, le paysan, poussé par l'émotion politique, accepte de "dechouquer" certaines ONG ou bureaux publics (organismes déconcentrés).

Le paysan déclare souvent que les problèmes politiques et économiques ont découragé les gens. C'est le résultat de la lutte qu'il mène, lutte qui, pour lui, est sur le point d'échouer. Il a le pressentiment de cet échec. De plus, la perte de bonnes valeurs, le chômage chronique grandissant, suivi de la misère atroce sévissant actuellement en milieu rural et urbain, génèrent chez le paysan et chez l'ouvrier pauvre une certaine agressivité qui pousse ces derniers à se jeter dans des conflits armés (règlements de compte ou conflits de personnes s'y mêlent naturellement).

Dans tout cela, il y a une question de leadership et de l'exercice du charisme politique.

Quant à l' attrait au milieu ouvrier, il y a un rapport direct. Les ouvriers qui travaillent dans les usines, factories d'assemblage et secteurs de sous-traitance viennent en majorité de la province et sont de souche paysanne. A l'occasion des circonstances politiques, ils gagnent les grandes villes et la capitale à la recherche de mieux-être ou d'emploi. Ce n'est pas un mouvement de migration interne autour du processus de développement, car la mobilité sociale verticale n'est pas toujours acquise naturellement. Il y a souvent un conflit d'adaptation entre la mobilité descendante et la recherche ou le maintien de l'équilibre de la vie. L'ouvrier des factories/industries ont souvent dit que la vie est pour lui une pénitence. Pour parler de son travail (son job), il a souvent avancé qu'il revient de,---ou qu'il va dans---sa pénitence. Point n'est besoin de parler de l'expression qu'il n'est pas bien payé, mais il est obligé de travailler à cause de la situation de la vie. Alors, cette expression définit l'indicateur et le concept minimum, ou de base, pour comprendre le rapport socio-économique entre le patron et l'ouvrier.

C'est pourquoi, je tente de faire le lien entre les deux classes, la classe paysanne et la classe ouvrière. Mais l'accent est mis sur la première, dont le conflit avec les autres classes, est le fondement social des bouleversements politiques. D'ailleurs, conflit et violence animent la trajectoire de l'histoire de la vie des paysans. Le conflit paraît permanent et suppose un rapport de force en vue de la domination, de la direction de l'hégémonie. Mais la violence est une recherche de la maîtrise du rapport de domination de classe. Elle est née de la défense des intérêts. Elle est technologique (machine de guerre), morale et sociale (répression, la torture, la démoralisation, l'humiliation, exécution sommaire, exil, exploitation, etc.) et communautaire (division et conflit de famille). Le conflit souvent débouche sur la violence. La violence morale des classes supérieures sur les classes inférieures, des pays technologiquement avancés sur des peuples sans armes (en matières d'occupation militaire) est la conséquence D'un conflit destructif qui amène une résistance acharnée de la part des paysans.

L'IDÉOLOGIE DE LA RESISTANCE

Toute démarche politique en vue du changement est toujours déterminante. En ce qui concerne la politique de l'introduction de l'idéologie de la Gauche à la paysannerie, elle ne peut-être entreprise jusqu'au bout sans une certaine vision ou conception de la praxis politique comme modèle de société. Dans les grandes villes, comme à Port-au-Prince, le courant idéologique de gauche incluait de manière fondamentale les luttes contre les courants opportunistes. La voie du progrès scientifique n'avait pas de chance de succès. L'idéologie de la droite, ou celle de la gauche, n'arrive pas à imprégner la science et la conscience populaires. Les mobilisations des couches sociales ne sont jamais faites dans le sens d'une refonte radicale de la stratégie de lutte contre l'impérialisme. La véritable rupture d'avec la "violence idéologique' ou "idéologie de la violence" pour entamer une "idéologie révolutionnaire tranquille", sans violence orageuse dans une résistance à l'exploitation et à la domination, et également, dans une exigence anti-aliénation formulée au système politique, n'a pas encore reçu une nouvelle orientation politique. Bien au contraire, il y a des discours politiques qui qualifient certaines démarches gouvernementales de populisme. Il convient de planifier entre les progressistes de droite et de gauche, entre l'élite et la masse, entre la classe ouvrière et la classe paysanne une stratégie collective de mobilisation de changement et de développement. Pour ce faire, il ne s'agit pas de substituer l'appel au peuple par des cris de sauvetage faits au FMI (Fonds Monétaire International) ou à la Banque Mondiale. Et, Jean-Pierre Cot rapporte que: «Le Lumpen prolétariat, cette putréfaction passive des plus basses couches de l'ancienne société, est, par-ci par-là, lancé dans un mouvement par une révolution prolétarienne. De part sa situation, il sera plus disposé à se laisser acheter pour des menées réactionnaires.[16]»

Il y a aussi une expression de la prudence à la résistance.

Le mouvement nationaliste s'était révélé incapable de tenir ses promesses, non à cause de ses intérêts personnels de classe mais parce que, dans son mouvement anti-impérialiste et

16 Jean-Pierre Cot, Op. Cit., p. 116.

anti-capitaliste, il n'y avait pas introduit de manière concrète les attentes des masses ouvrières et paysannes pauvres. La paysannerie participe à la lutte prolétarienne par sa résistance aux modes économiques capitalistes. Pourtant, elle devient, malgré elle, et naïvement, un pseudo-capitaliste qui désagrège son sens du collectivisme. Pour compléter son revenu agricole érodé par l'hégémonie du capital commercial, le paysan se tourne vers le marché et le capital. La nécessité du moment le demande! Voilà en quel sens s'exprime un élément de la déviance idéologique pour les mouvements communistes d'avant 1957 et également de 1990 à 2005. L'orientation matérielle des hommes de gauche dans la vision politique nationaliste n'a pas été prise à sa juste valeur. C'est pourquoi beaucoup d'interrogations sont soulevées au sujet de la bourgeoisie nationale. Celle-ci n'a jamais facilité la mobilité sociale ascendante en faveur des masses. La prudence des paysans vient également du fait de l'expérience vécue et conséquemment une résistance sociale, culturelle et politique s'est établie pour éviter la répétition des actes regrettables.

Les souvenirs navrants de certaines histoires fondent la philosophie de la prudence des paysans. En termes de causes lointaines, la tradition des valeurs admet que beaucoup de leurs ancêtres ont été arrêtés et mis à mort par traîtrise. Depuis l'affaire de Caonabo, celle d'Ogé et de Chavannes, jusqu'à Toussaint Louverture, c'est la répétition de l'arrestation pour avilir, pour détrôner, pour humilier, pour bloquer le processus de la marche de l'histoire vers la désaliénation.

En ce qui concerne l'héritage de la lutte armée, elle est une expression de la méfiance et de la prudence. Il y a une source lointaine qui explique ce fait.

L'oraliture chez les paysans relate souvent des faits navrants comme par exemple en 1502, quand le gouverneur Nicolas Ovando capture traîtreusement la Reine Anacaona, qui commandait un des caciquats non encore occupés, et la fait exécuter. Caonabo et Anacaona sont considérés par les Haïtiens comme leurs premiers héros nationaux. En 1758, les blancs capturent et exécutent publiquement Makandal (Macandal), esclave "marron qui avait organisé et dirigé une vaste campagne d'empoisonnement des maîtres, des esclaves et même des bestiaux pour se venger de la cruauté et de la sauvagerie des blancs. Il y a aussi des histoires autour de 1791, soulèvement de quatre cents affranchis, commandés par Vincent Ogé et Jean Baptiste Chavannes qui, avec l'appui de la société des amis des noirs, réclament l'application du décret du 15 mai par lequel l'assemblée nationale leur avait accordé l'égalité civile et politique avec les blancs et le droit de représentation. Ogé et Chavannes sont pris et roués vifs sur la place d'Armes du Cap. Au cours de cette même année (1791), les esclaves des ateliers du Nord se révoltent, sous le commandement de Boukman, Jeannot, Jean François et Biassou. C'est encore le contexte de la défense des intérêts qui pousse les blancs à agir cruellement envers les autres. D'où la méfiance généralisée. L'hypocrisie gagne du terrain. En 1793, Louis-Félicité Sonthonax, Commissaire de la République, proclame l'abolition de l'esclavage, sous la pression des événements, afin de pacifier les rebelles et les engager à résister aux Anglais et aux Espagnols qui, à la faveur des troubles, ont envahi la colonie.

Malgré, en 1794, le 4 février (16 pluviose an II), son abolition par la Convention. Celle-ci a aboli officiellement l'esclavage dans les colonies françaises. Cependant, il sera rétabli par Bonaparte en 1802. De même, les Espagnols et les Anglais ayant refusé, malgré leur promesse, d'abolir l'esclavage dans les régions qu'ils contrôlent, Toussaint Louverture, par sa stratégie politique, a dû se rallier à la République française. Ses troupes vont defaire les envahisseurs étrangers, le directoire le nomme Général de division pour défendre la cause française sur l'île.

Lorsqu'on a fini de l'utiliser, on l'a abandonné impitoyablement.

D'autres faits caractérisent la prudence et la résistance chez les paysans qui, quelquefois tolèrent ou poussent leurs enfants à prendre les armes pour se faire entendre et comprendre. Ils ont compris qu'en 1806, Dessalines est assassiné pour avoir prôné la redistribution des terres aux profits des déshérités, des plus pauvres, certes des paysans.

Mais, il n'y a pas seulement ces quelques faits internes. L'extrapollation s'additionne dans la pensée ou dans l'expression du comportement des paysans.

En 1815, Simon Bolivar, forcé à l'exil, se rend en Haïti et rencontre le président Pétion qui lui fournit les armes et munitions nécessaires à poursuivre la lutte pour l'indépendance de son pays, en échange de la promesse d'y abolir l'esclavage. C'est à partir de cette démarche politique que Simon Bolivar, en décembre 1816, a entrepris les mouvements qui ont abouti à l'indépendance du Venezuela et d'autres pays de l'Amérique du Sud. La peur du nouvel Etat d'Haïti reste un syndrome pour certains pays. Ainsi, en 1825, sur l'intervention des Etat-Unis, Haïti n'est pas invitée au Congrès de Panama, qui réunit les pays indépendants du Nouveau Monde. De plus, Charles X, après de longues négociations, "accorde" l'indépendance à Haïti (la partie française de Saint-Domingue), contre une indemnité de cent cinquante millions (150) de francs-or aux anciens colons.

On se rappelle qu'en 1844, la révolte ou le mouvement des "piquets", sous la direction de Jean-Jacques Acaau. Cette révolte a été écrasée par l'armée. Le combatant J.J Acaau a dû se suicider à la suite de nouvelle révolte des piquets en 1846. Mais, les différentes occupations américaines ont été des dures épreuves, des moments terribles pour les paysans. Il faut écouter les paysans dire les histoires. Ils ont connu de très longues années sous la répression brutale des étrangers et les collaborateurs de ceux-ci.

Pour les paysans, ils ont connu l'enfer et en ont gardé un souvenir amer.

Notons qu'après le débarquement des Marines américains le 28 juillet 1915, il y eut des tumultes idéologiques à travers le pays. En 1919, les paysans du Plateau Central, sous l'ordre de Charlemagne Pérald, tué lâchement au cours de la même année, puis par Benoit Batraville tué l'année suivante, se sont révoltés pour protester contre la corvée imposée par les américains. En 1929, les marines ouvrent le feu et mitraillent des paysans qui manifestent pacifiquement à Marchaterre, près de la ville des Cayes.

La violence psychologique institutionnalisée et perpétrée par des puissances impérialistes sur le peuple sans armes dans le cadre de l'exploitation des richesses internes du pays n'a pas cessé de se faire sentir. Dans ce contexte, on retrouve des "intellectuels progressistes" qui continuent à défendre les paysans, les opprimés et les délaissés de l'histoire, les masses pauvres. La gauche y est sans grande hésitation mais prudemment. Après l'occupation militaire américaine de 1915-1934, certains jeunes d'alors se mettent à prendre position pour les opprimés. Parmi eux, on compte un René Dépestre, qui, dans son jeune âge, s'était montré révolutionnaire et a voulu instruire le peuple sur la voie du socialisme et du communisme au point que le président Dumarsais Estimé craignant l'expansion du communisme et se méfiant de l'extrême gauche, a dû faire partir Dépestre. Par cette destinée, ce socialiste haïtien a plus oeuvré ailleurs qu'en Haïti (France, Prague, La Havane, Chili, Buenos-Aires, Brésil, Chine, Viêt-Nam, URSS...). Cette oeuvre ailleurs d'Haïti, s'explique par le fait que la résistance sous le rapport de l'idéologie de gauche a connu ses plus durs moments dans les année 60 au cours des premiers moments de la politique gouvernementale de François Duvalier; alors, bizarrement, ce dernier fut l'un des membres actifs du mouvement de la gauche haïtienne avant de se retourner contre ses propres camarades de la gauche. De 1960 à 1985, conséquemment, les valeurs du mouvement de la gauche tombent en désuétude: persécution, arrestation, exécution, mis à couvert puis exil. La France, à cette époque, avait accueilli un bon nombre de nos intellectuels de gauche sur son territoire. Car, sa politique de protéger les savants a toujours fait de la France l'une des plus grandes puissances du monde.

Dans les luttes pour l'émancipation populaire, l'Etat est souvent devenu incapable de concilier les apparentes ou profondes contradictions sociales qui ruinent les différents groupes sociaux. D'abord, l'Etat, ponctionneur et source de richesse pour les dirigeants, répudiant ses propres fils, savants et progressistes, héritage opulent des trésors de la nation, n'a jamais pu planifier à l'intention de tous un processus de changement à long terme. La source de l'organisation du peuple et du changement est toujours alimentée par le peuple lui-même, et plus tard on parlera de société civile. On verra qu'à partir de 1986, les indicateurs de changement politique (par exemple les réformes institutionnelles) ainsi que les démarches relatives laisseront la société haïtienne désemparée et la culture paysanne en transformation ou en évolution dans un cadre en suspens, pendant une longue et martyrisante période de transition politique.

Pourtant, au cours de ces mêmes décennies, les valeurs capitalistes occidentales gagnent du terrain et la motivation socialiste court le ruisseau social pour arroser la pensée paysanne et étancher la soif des opprimés de la justice sociale. On se rappelle ce que dit Pierre Birbaum: «Tous systèmes politiques se reconnaissent à ce fait qu'ils ne peuvent durer que s'ils remplissent avec succès deux fonctions: ils doivent être en mesure de distribuer les valeurs dans la société donnée et capable d'amener la plupart de ses membres à accepter cette distribution comme autoritaire.[17]»

---

17 Pierre Birbaum (et al), *Sociologie politique*, t.1, Paris, Armantd Colin, 1971, p. 92.

Il est naturellement acceptable que pour qu'il y ait changement et pour amorcer le processus de développement il faut détruire certaines valeurs traditionnelles et introduire dans les moeurs de nouvelles dites modernes. L'idéologie socialiste a été bouleversée par l'introduction des valeurs occidentales capitalistes, pendant que dans d'autres pays, notamment ceux d'Amérique latine, des efforts considérables sont faits pour enrayer l'aliénation politique. Au cours de ces dernières années, Cuba et le Venezuela ont dégagé une perspective politique et idéologique progressiste relative à l'unité anti-impérialiste. Ils ont entrepris des actions concrètes pour bousculer la suprématie du "dollar" en favorisant les échanges Sud-Sud, véritable tentative d'un mouvement de mondialisation non-capitaliste, non impérialiste. Cette activité historique de "dédollarisation" des valeurs monétaires des peuples de l'Amérique latine met en déroute la volonté des pays impérialistes de vouloir encourager les peuples du Tiers-Monde, de l'Amérique latine et de la Caraïbe dans la mendicité. Dans ce même sillage, des formes de résistance se développent un peu partout face aux politiques néo-libérales. Et de ce fait, les élections qui ont porté certains dirigeants de Gauche au pouvoir sont impulsées par ces nouvelles tentatives de résistance. Et, en ce sens, on tend à être d'accord avec cette conception selon laquelle Cuba, allié avec le Venezuela, qui sont les deux pays les plus menacés, restent aujourd'hui la clé de la résistance politique actuelle aux forces néo-libérales qui, en Amérique latine, n'ont connu depuis un bon bout de temps de grands échecs.

Il faut dire que depuis près d'une vingtaine d'années, la remise en question des politiques néo-libérales anime les discussions savantes des universitaires et des chercheurs. La question du processus de développement lié à la privatisation, au renforcement des entreprises, au libre échange dans un contexte de création d'emplois à haute intensité de main-d'oeuvre, porte à comprendre que l'industrialisation (processus ou quelques mises en places) accuse une faiblesse remarquable dans le pays.

Mais, malgré tout le très peu d'ouvriers de ce secteur espèrent au changement. Comment les patrons et l'Etat entendent-ils aboutir à un changement qui aurait profité aux ouvriers et aux paysans?

Forces Sociales Et Mouvement Paysan

Il faut se rappeler que dans l'histoire de la Gauche "Révolutionnaire" internationale, la question agraire est diversément interprétée et est multiforme. En 1873, il est à révéler la capitalisation de l'agriculture au Sud des Etats-Unis, provoquée par la guerre de Sécession, suivie plus tard par une crise agraire après 1973; la révolution française ainsi que celle de la Russie ont connu des révolutions paysannes. La révolution agraire n'a pas été résolue en France après 1789. Il fallait attendre 1945 et 1973. L'on se souvient de l'exode rural en Europe au lendemain de 1945; c'est dire que, parfois cela prend du temps selon l'espace social et le temps. Mais, parfois des modèles peuvent se présenter. A ce niveau, plusieurs scénarios apparaissent. Lorsqu'on considère les grands propriétaires terriens qui contrôlent le pouvoir politique, certains penseurs concluent que la société haïtienne est une société féodale; d'autres parlent de néo-féodalité ou semi-féodale. Cependant, au sein de la société, dans les deux cas, il y a lieu d'observer une double force sociale relative à la résistance au changement et au maintien du statu quo et également à l'introduction de la modernité et du développement. Paradoxalemnt les deux sont fortifiées et alimentées par les actions des politiques gouvernementales et non-gouvernementales.

Dans la foulée des discussions, de 1986 à 2006, la France a laissé détruire les centres culturels des intellectuels de gauche et les Etats-unis ne les ont pas non plus récupérés, parce que ces deux pays, dans la mouvance socio-culturelle pour le changement en Haïti ne font plus cas des universitaires et des intellectuels mais s'occupent fondamentalement que de politique commerciale.

Le Canada, en accueillant un nombre imposant de professionnels sur son territoire, ne fait qu'aggraver la situation en brisant les maillons des cercles littéraires des élites intellectuelles pour les transformer en main-d'oeuvre qualifiée. (un mélange d'humanisme et d'intérêt commercial). Dans tout ceci, le paysan a pris une part active puisqu'il suit l'élite. Lui également, cherche à se retirer du pays en sollicitant des visas pour aller grossir la diaspora haïtienne des Etats-Unis et du Canada. Mais le manque de conscience qui imprègne les activités extra-agricoles des paysans renforce la position des autres classes sociales. Il y a culturellemnt un affaiblissement du mouvement paysan. Et l'ambivalence de cet acteur retarde le processus du changement. Touraine a eu raison de dire: «Parler du mouvement paysan comme un mouvement social, c'est le reconnaître comme acteur, le saisir dans ses orientations culturelles, comme ses conflits sociaux[18]», de même, ajoute-t-il: «qu'elles réussissent ou qu'elles échouent, les luttes paysannes pour la défense de la terre constituent un véritable mouvement social.[19] Le mouvement social est lié à l'idéologie en diffusion et en compétition politique avec l'idéologie dominante. En Amérique latine actuellement, le mouvement social pour le changement est soutenu par des gens de la gauche et les progressistes qui essaient de transformer la politique néo-libérale en politique socialiste, véritable résistance du mouvement social de la masse. Cet effet de résistance particulière est le fruit de la compréhension du contexte d'éffondrement de l'URSS. L'Amérique latine, depuis cet effondrement, offre l'exemple de cette résistance aux politiques néo-libérales, recherchant une voie originale de progrès social à travers les sillages des histoires nationales et d'intégration régionale.

Cette conception n'est pas sans embûches et comporte des risques

---

18 Alain Touraine, Le Retour de l'acteur, Essai de sociologie, Paris, Fayard, 1984, p. 37.
19 Alain Touraine, La parole et le sang, Politique et societe en Amerique latine, Paris, Odile Jacob, 1988, p. 224.

dangereux pour la victoire de la politique de Gauche. D'ailleurs, la découverte récente de gisement pétrolier à Cuba le 26 Décembre 2004, les accords sur le Nickel à Cuba, les modes actuels d'exploitation du pétrole Venezuelien, signés avec la Chine sont autant de signes de dissidences dans les relations de domination capitaliste et impérialiste mondiale et qui accroissent les tensions dans le contexte Cuba-Venezuela-Mexique ou les paysans n'ont jamais cessé de voir une part de leur avenir d'ouvrier pour leurs progénitures: voilà le lien paysan-ouvrier.

C'est en ce sens que le recul de l'Amérique latine a été récupéré notamment sur le marché mondial avec Luis Inàcio Lula da Silva au Brésil et Kirchner en Argentine. Ceci a créé une ouverture des marchés, laquelle a affaibli la compétitivité. Et en termes clairs, les effets de politiques internationales, notamment de politiques commerciales des Etats-Unis n'ont pas réussi à faire plier les luttes sociales. Bien au contraire, des soulèvements ont été enregistrés, depuis la classe ouvrière jusqu'à la classe paysanne. Les deux classes les plus démunies, les plus pauvres qui ne sont pas des classes paralèlles mais une seule classe à double orientation professionnelle, double vocation d'activités quotidiennes. Pour le changement, l'une doit compléter l'autre: "la double classe complémentaire", la double classe marginalisée. Il faut retenir que la résistance à travers les mouvements sociaux s'exprimaient par l'action directe des paysans au Pérou, l'irruption des indigènes en Equateur, la révolte (révolution en Argentine, le climat insurrectionnel en Bolivie, l'occupation des terres en Uruguay, les mobilisations anti-impérialistes au Chili, les luttes sociales au Venezula).

De notre côté, les différentes mobilisations paysannes n'ont jamais été sans effets. Car, depuis le début du siècle, les paysans réclament un arrêt à l'exploitation à outrance de la classe paysanne et de la classe ouvrière, et une part dans la gestion des affaires publiques. En 1911, un soulèvement massif de paysans a abouti à la démission du président Antoine Simon. Les politiques gouvernementales de Cincinnatus

Leconte, n'ayant pas répondu aux attentes de la paysannerie, celle-ci le défait. Mais la lutte était sur plusieurs fronts à la fois au point que Tancrète Auguste a dû céder. Des révoltes paysannes, retenues par l'histoire ont exigé une politique de justice sociale et d'équité et ont fait échouer Michel Oreste, Davilmar Théodore, etc.

Suite à ces différentes considérations, l'on se demande à quel niveau est le dialogue aujourd'hui?

Il semble qu'il y a, depuis les derniers soulèvements paysans, un rapport de distance qui s'établit entre les groupes sociaux et que les activités de changement tendent à se focaliser beaucoup plus sur les ouvriers et les étudiants. Alors que le mouvement est capable d'amener de grands débats et également de grands changements dans la société si les instigateurs de changement l'orientent vers une stratégie du développement.

Dans ce rapport du processus de changement, commençons par une analyse de situation. D'abord voici ce que dit Joseph H. Fichter au sujet du changement: «L'analyse de la direction du changement implique immédiatement que l'on se demande si un changement donné représente un cas d'avancement et de progrès ou de dégradation et de recul.»[20] Et l'auteur ajoute que: «Le changement provoqué tend généralement à être profitable et progressiste, tandis que les changements non délibérés et imprévus peuvent être nuisibles ou profitables. L'appréciation du changement dépend apparemment en beaucoup de cas de ce que les gens en société considèrent comme désirable ou comme indésirable.[21]»

Le mouvement paysan, alimenté par les fils de paysans eux-mêmes, fait souvent choc aux visées développementistes des instigateurs de

---

20 Joseph H. Fichter, La sociologie, Notions de base, Paris, Editions Universitaires, 1996, p. 212.
21 Joseph H. Fichter, *La sociologie, notions de base*, Paris, Editions Universitaires, 1996, p. 212.

développement. Plusieurs critères font surface en ce qui concerne les rapports interpersonnels. La question d'interlocuteurs ne se pose presque pas. Avec l'émergence du créole, un point considérable a été marqué. Le français a été battu en brêche aux dépens du créole et de l'anglais. Bizarrement, dans ce contexte géo-politique, l'espagnol n'a pas reçu sa promotion à sa juste valeur dans le pays. Aujourd'hui, avec l'appui de certains leaders de Gauche et sous la poussée de la réforme éducative initiée en 1979, le créole a taillé une place incontournable dans les rapports sociaux globaux, rapports communicationnels en milieu paysan. En ce sens, le pas est franchi avec le créole comme langue officielle.

La communication peut être considérée comme l'idéal d'expression et d'échange qui préssupose l'existence d'individus libres et égaux.

Depuis 1985, année Internationale de la jeunesse pronée par les Nations-Unies, les médias de masse en Haïti, presse parlée, écrite et télévisée, ont considérablement bouleversé le fonctionnement de l'ancien système basé uniquement sur le français châtié ou soutenu. Il a mis face à face la politique haïtienne et la culture américaine et la politique de la culture française dans leurs actions et leurs influences dans le pays. C'est la lutte politique étrangère pour l'hégémonie du pouvoir de la presse (publicité) et la domination de la culture populaire. Mais rappelons que «Althusser considère que l'appareil idéologique d'Etat mis en position dominante est l'appareil idéologique scolaire.[22]»

En moins d'un demi-siècle, l'ensemble des nouvelles techniques de communications, (l'informatique, les télécomunications, l'audio-visuel, etc). ont modifié les conditions d'échange entre les divers interlocuteurs, et également entre peuple et pouvoir établi. A partir de ce fait, notons que les valeurs, les symboles et représentations ont organisé le fonctionnement institutionnel du monde paysan comme celui du monde urbain: certains termes deviennent

22 Jean-Pierre Cot (et al), *Pour une sociologie politique*, tome 2, ibid, p. 120.

courants comme dictature, démocratie, communisme, capitalisme, société civile, Etat-nation, etc. sur les lèvres des paysans moyens.

L'information permet au monde paysan de se représenter et de pouvoir rentrer en relation avec la société englobante, avec l'Etat, avec lui même, par lui-même et pour lui-même.

Une telle acception dévoile les dimensions socio-culturelles qui caractérisent la communication directe aussi bien que la communication médiatisée par les techniques. Voilà ce qui justifie les normes et valeurs qui la promeuvent, autant que les symboles et les représentations qui animent les rapports sociaux.

Les travailleurs sociaux, les techniciens agricoles, les encadreurs sociaux de certaines ONG ont fait un travail soutenu de conscientisation. Malgré cela, dans ce contexte, parler du développement aux paysans est une bonne chose mais pour celui-ci cela ne veut rien dire, ce sont des paroles et des paroles sans fondement. On comprend qu'il n'est pas facile pour les instigateurs de développement de leur parler des théories du changement et la théorie qu'ils appliquent pour faire le développement. Il est beaucoup plus facile pour eux de parler de changement tout court. Une coincidence heureuse! Car, pour le paysan le mot changement a beaucoup de sens et il s'y retrouve sans grande difficulté.

Pour Alain Touraine:

«Dans une société de développement, la classe dirigeante oriente, en fonction de ses intérets, le changement social. La résistance a son emprise s'appuie donc sur ce qui s'oppose au changemnt social. Tout mouvement social prend appui sur le donné, sur l'être, contre une gestion dirigée par son adversaire. Mais aujourd'hui l'étendue des changements, la capacité possédée par les grandes organisations de manipuler la demande, d'orienter les "besoins" font que les forces de résistance ne peuvent être qu'absolues c'est-à-dire à la limite non-sociale. Ce qui résiste au seigneur c'est une communauté paysanne; ce qui résiste au patron c'est le travail, ce qui résiste à l'appareil de domination sociale c'est élémentairement l'être biologique...[23]»

Tous les groupes politiques sont à la recherche du pouvoir. Tous veulent dominer. Et en ce sens, il y a toujours une clientèle à acheter. L'achat des votants est fondamentalement au niveau des masses pauvres. La misère les rend beaucoup plus malléables à être vendues. En effet la lutte vise le pouvoir ou l'exercice du pouvoir politique. Tout mouvement social a une portée politique, dépendamment des conséquences du mouvement et de l'orientation de celui-ci. Comme clientèle politique, la paysannerie, étant à la recherche d'un mieux être, de l'emploi rémunérateur a, malgré elle, participé à plusieurs initiatives publiques entreprises par certains gouvernements. L'échec politique du professeur Daniel Eustache Fignolé, en qui la masse se croyait pour le renouvellement de l'idéologie progressiste, est un autre tournant qui a marqué l'histoire pour les paysans. Dans les années 1960, on retrouve certains paysans comme miliciens ou Volontaires de la Sécurité Nationale (VSN) ou "Tonton Makout" pour essayer de renverser "l'idéologie mulâtre" de domination du pouvoir politique et asseoir l'idéologie noiriste.

Plus tard, ce sont presque les mêmes personnes de la clientèle qui se sont converties en FRAPP dont les membres ont collaboré

---

23 Alain Touraine, *Pour la sociologie*, Paris, Editions du Seuil, 1974, p.158.

avec les militaires au pouvoir. En effet, les conditions sociales dans lesquelles ce mécanisme se déroulaient, se transformèrent par des convulsions successives, provoquant le deséquilibre et la rupture entre une classe moyenne affaiblie et érodée et la masse des pauvres devenant de plus en plus agressive. La bourgeoisie déjà en rupture avec les autres classes n'entend pas rafermir son assise commerciale tant qu'elle ne voit pas clair sur "la politique du populisme" résumé dans "La bourgeoisie est responsable de notre pauvreté' (leve tèt nou an lè, gade an wo, na va wè moun ki mete'n nan povrete nou ye-la). Véritable menace verbale, dit l'observateur attentif. Mais le pauvre naïvement y voit une porte de sortie à la reconsidération de la gestion des richesses nationales. Ce sont des paradoxes idéologiques.

Le Changement Politique

Ce sont les conditions matérielles déplorables des masses populaires qui quelquefois poussent celles-ci à se soulever pour tenter de changer la situation du pays ou exiger des responsables politiques de mieux repartir les richesses du pays. Voici ce que dit Guy Rocher:

{La concentration des masses laborieuses favorise la formation d'une classe prolétarienne révolutionnaire. Dans le régime capitaliste, les travailleurs sont destinés à la pauvreté permanente et chronique, voire à une paupérisation croissante. Mais, en particulier par suite de leur rassemblement, ils sont plus en état que jamais de prendre conscience de leur situation, de développer une conscience de classe et une conscience de classe qui soit politisée. La classe prolétarienne aliénée est donc destiné à être une classe historique: elle est appelée à se soulever contre la bourgeoisie capitaliste dominante et, par la révolution instaurer la dictature du prolétariat, préliminaire à la société communiste et sans classe.[24]}

24 Guy Rocher, *Introduction à la sociologie générale, t.3, le Changement social*, Lassalle, Ed. Hurtubise HMV Ltee, 1969, p. 260.

La question est encore plus importante. Car elle concerne les mouvements
internes qui doivent propulser la révolution. Disons avec Guy Rocher que: «La révolution se distingue du mécontentement destiné à faire corriger certains griefs. Le mouvement révolutionnaire va au delà: il est la négation d'une autorité, d'un régime.[25]»

Les bouleversements sociaux et les crises politiques qui affectent la société Haïtienne aujourd'hui impliquent un développement économique ayant pour efffet:

▶ l'aggravation de la misère

▶ la violence ou l'éclatement de violence organisée

▶ l'exode

▶ la répression politique

▶ l'augmentation de la richesse de quelques-uns ou de certains groupes organisés.

▶ la paupérisation

En effet, les conséquences sont déplorables si l'on tient compte du passé économique de ce pays qui fut jadis le premier producteur au monde de sucre et de café. Aujourd'hui, Haïti est obligée d'en importer. Le secteur du tourisme et les ateliers d'assemblage qui, au début de la première moitié du siècle dernier, avaient connu un modeste développement ont périclité aux environs des années 1986.

La misère, le chômage, et le désespoir portent les fils de paysans à s'allier à la classe ouvrière pour se révolter contre l'ordre politique actuel.

25 Ibid., p. 259.

Quand il y a révolte, l'Etat intervient pour l'orienter en sa faveur. Quand la révolte va à l'encontre des dirigeants de l'Etat, celui-ci intervient brutalement et on dit que l'Etat a réprimé la révolte.

L'Etat a réprimé la révolte parce qu'il y a eu révolte. C'est l'explication du politique par la politique.

La violence dans la société, au moment de changement politique, ne s'explique pas seulement par la politique; il y a l'appel des uns et la chasse des autres. C'est un type de comportement qui appelle la raison et la sagesse ou l'orgueil et le crime.

Il y a aussi les "hommes de main" ou des criminels professionnels qui sont requis, payés pour exécuter, éliminer. Là le crime est corrolaire au processus de la défense des intérêts supérieurs de la nation, mais peut-être aussi de la défense des intérêts mesquins, personnels, égoïstes. Le principe politique est que le pouvoir est au côté de ceux qui ont la force des armes ou la force de la loi.

La première, la force des armes aux dépens de la loi, implique une société en désarroi et là la politique devient sacrilège, amorale et même contre-nature. Le paysan ici n'a pas la force des armes avec lui. Mais, il se cherche à travers les forces politiques, les partis poliques.

La deuxième, la force du droit sur l'utilisation des armes implique une société de droit et, là la politique devient le champ de lutte individuelle ou collective pour la vie meilleure. Elle est spirituellement concurrentielle dans le sens de la lutte pour la survie. Ici le paysan est souvent écarté, réprimé, exploité, baffoué…

De nos jours les données ont changé. Alain Touraine de dire: «Un mouvement social naissant, en état d'opposition extra-institutionnelle, ne peut cependant s'enfermer dans l'utopie ou la violence.[26]»

---

26 Alain Touraine, *Pour la sociologie*, Paris Editions du Seuil, 1974, p. 199.

Chapitre II: Processus D'intériorisation

La Gauche Des Années 90

IL FAUT DIRE QUE **1990** est une date charnière pour les paysans et les ouvriers haïtiens qui pensaient qu'à l'avènement de la gauche au pouvoir, les problèmes haïtiens seront quasiment résolus. C'est l'histoire de la théologie de la libération, des TKL et des intellectuels de gauche.

En effet, depuis 1986, les activités de la gauche ont été à l'oeuvre pour ramollir l'action des politiques néo-libérales en cours. Après l'avénement de Marc L. Bazin qui, dans les années 1980, a essayé de nettoyer les finances de l'Etat. Les démarches de privatisation étaient en cours fondamentalement aux environs de 1986, et un certain Leslie Delatour en fut, pour le FMI et la Banque Mondiale, le grand tenant. Il était à l'honneur quand, en 1986-87, circulait dans le milieu universitaire un document relatif au "Plan américain" pour Haïti. Dans ce contexte, étudiants (FENEH), professeurs d'université, écoliers et enseignants se dresssent contre les démarches des tenants de l'idéologie néo-libérale. Des préparations aux Gonaives, à Jérémie, à Léogane, à Port-au-Prince (St Jean Bosco et Cathédrale) ont concerté un mouvement de jeunesse d'orientation progressiste. Les petites églises restent la base et les étudiants, fils de paysans en majorité, ne font que promouvoir une initiative de lutte en vue d'un grand mouvement de changement dans le pays.

Dans la même ligne de pensée, un nombre important de penseurs, de journalists, d'acteurs et d'artistes ont mis leur savoir au service du processus du changement.

Le PUCH (Parti Communiste Unifié Haïtien) a fait à nouveau son histoire dans un pays piégé. En dépit de tout, il a eu le temps de semer l'idéologie socialiste au sein de la "classe universitaire", notamment parmi les jeunes étudiants. A coté de ce parti, il faut faire une place de choix au MOP (Mouvement Ouvrier-Paysan). Lui aussi a connu une situation sociale ruinée par des contradictions de tout genre. En fait, la philosophie Révolutionnaire du Professeur Jean Eustache Daniel Fignolé, remontant à l'année 1956-57, a eu des phases de rectification tactique et stratégique. Les nouveaux leaders "Mopistes" de 1986-87 ne s'étaient pas entendus sur les lignes de principe du "remaniement politique" des idées révolutionnaires" issues de la philosophie de départ, du grand doctrinaire Jean Eustache Daniel Fignolé et du document fondateur du parti. Les confusions idéologiques entre "Changement en profondeur", "Mouvement populaire", "Réformes sociales" qui ont entouré la gestion du parti jetaient de la consternation au sein du mouvement. Ceci a conduit à l'éclatement du parti. Suite à ce conflit de vision politique et idéologique, le MOP n'a pas eu la chance de drainer la masse des paysans et ouvriers vers le processus de changement. Et les grandes valeurs sociales n'ont pas eu le temps d'être diffusées dans les milieux fertiles de la paysannerie parcellaire.

Pour faire suite au début de l'application des grands principes de la droite, renforcer le capitalisme par une politique néo-libérale, faire avancer la réforme institutionnelle, contribuer à améliorer les conditions de vie des Haïtiens, certains parties politiques emergent. Parmi eux, le MID (Mouvement pour l'Instauration de la Démocratie) apparaît comme un chef de file neutralisant ainsi sensiblement l'aile dure du Duvalierisme et du Jean-Claudisme qui, a un certain degré, se réclame de l'extrême droite. Dans cette perspective, les artisans de la modernisation et de la politique libérale à l'occidentale faisaient bloc autour de Marc L. Bazin principalement.

On retrouve également d'autres partis politiques soit modérés, soit de Centre-droite ou de Centre-gauche qui ont de manière notoire alimenté l'histoire de la lutte pour le changement. On peut, entre autres, citer le RDNP (Rassemblement des Démocrates Nationaux Progressistes) du professeur Leslie F. Manigat, qui a pu accéder au pouvoir en 1989 mais pour une très courte durée (7 mois). Rêve inachevé, objectif brisé! Il y a aussi le MDN (Mouvement pour le Développement National) du Professeur Hubert de Ronceray et le PDCH (Parti Démocrate Chrétien Haïtien) du Pasteur Sylvio C. Claude; les deux n'ont pas atteint leurs objectifs respectifs et n'ont pas pu réaliser leurs idéaux politiques respectifs.

Dans la phase de "transition politique haïtienne", le moment politique le plus fragile, beaucoup d'événements et de gouvernements se sont succedés. Après les élections de novembre 1989, un événement inattendu s'était produit: le Congrès de Vertaillis. Le leader principal fut le Dr. Roger Lafontant. Il a désorienté la trajectoire du grand mouvement socio-politique des jeunes de 1986. S'ensuit de l'émotion psychologique! Les progressistes de gauches se réunissent rapidement pour protester, et sur le rapport des partis politiques comme le KID de M. Evans Paul, dit K Plim, se forme un large mouvement sous l'appellation de l'Organisation Politique Lavalas qui a propulsé Jean Bertrand Aristide au pouvoir. Immédiatement après la prise du pouvoir, ce grand mouvement va se scinder en miettes dont les deux plus grandes factions seront l'Organisation du Peuple en Lutte (OPL) et la Fanmi Lavalas. La division intestine du mouvement a eu pour conséquences de se démarquer de la trajectoire révolutionnaire et d'impliquer une déviance idéologique. Le KID n'a pas eu la "voix haute" dans l'entendement idéologique du processus de développement rural. Mais il reste et demeure un parti de grands stratèges et de convictions idéologiques.

Conjointement avec certains autres partis de gauche, l'OPL entendait introduire dans son actif la partie progressiste de l'Eglise, le mouvement paysan organisé, un courant radical des années 1975-80, et un courant composé de socialistes, de communistes et de nationalistes.

Pour plus d'un, l'inconsistance de l'action politique gouvernementale de l'OPL contribue à ralentir la ligne historique de la vision de la paysannerie. En effet, l'OPL a raté de s'accaparer de la direction politique de la course du changement lorsqu'il était au pouvoir, par le biais de son premier ministre Rony Smart, économiste et agronome, sous la présidence de René Préval en 1996-97. Ce mouvement social concerté a été dans les premiers moments très profonds, bien planifié. Les dirigeants du parti n'ont pas pu gérer la communication et la diffusion de l'idéologie de la gauche dans la paysannerie pour s'assurer une assise politique définitive. La lutte pour conquérir plus d'espace démocratique et de pouvoir politique au sein même de l'appareil d'Etat diminue sa sphère sociale et idéologique en milieu paysan.

La Gestion Du Pouvoir

A observer le fondement politique du conflit OPL et le pouvoir d'alors, celui de René Préval, on remarque un problème de leadership et de charisme politique. Dans cette perspective, il importe d'appréhender la sphère de l'exercice du pouvoir politique et de la situer dans un contexte de légitimité politique.

Le fondement de la légitimité du pouvoir est une question importante. Il convient de savoir sur quoi repose le pouvoir et la légitimité de celui-ci? Il faut distinguer entre la formation du leader, l'éveil du charisme et la formation en matière martiale, guérilla, stratégie militaire ou tactique de combat, etc.

C'est également les inquiétudes qu'on retrouve en milieu rural en ce qui concerne, par exemple, le besoin d'émergence des leaders et le consensus social des votants. Les dictateurs qui orientent les élections en leur faveur et qui achètent des votants, font pression sur ces derniers; c'est légal mais non légitime. C'est dire qu'il faut d'abord la légitimité qui est le consensus des votants et des gouvernants, acceptant de donner au candidat le pouvoir et la légalité qui le consacre au pouvoir.

A l'appel du charisme, une réflexion qui n'est pas tout à fait erronée s'impose. D'ailleurs, disons que le pouvoir charismatique repose sur l'autorité morale qu'il exerce. Le leader charismatique est réputé symboliser les valeurs et les aspirations de la collectivité. Les parties politiques n'ont pas accentué ce fait pour tenter d'éveiller le charisme et pour former des leaders dans la routinisation, la transmission des valeurs, la délégation de rôle, des tâches avec un minimum de sens de créativité et de la liberté d'initiative. Beaucoup de leaders politiques ont procédé ainsi:

Charles De Gaulle, en 1965, avait des problèmes avec certaines structures françaises et voulait sauver le monde en protégeant les Français. Ghandi en Indes et Roosevelt aux USA ne faisaient que travailler pour orienter le monde vers un avenir meilleur. Hitler a voulu protéger sa race contre l'infériorité, le métissage ou le mélange des races.

Ainsi, comprend-on les deux formes de manifestation du charisme: le bon charisme et le mauvais charisme. Cela dépend de la manière dont le leader exerce son pouvoir charismatique. L'exercice du pouvoir charismatique peut être apprécié de tous et de toute l'humanité, comme il peut offrir un comportement désagréable aux yeux de l'humanité. C'est-à-dire les exactions malfaisantes qui en découlent portent à parler de l'utilisation négative du charisme.

Gérard Pierre Charles, à la suite de certaines discussions politiques avec le gouvernement d'Aristide, avait appelé les citoyens à se détacher de la Fanmi Lavalas, à se démarquer du pouvoir personnel et à lutter contre le populisme.

En milieu paysan, le charisme n'a pas encore fait de bonnes choses. On l'a souvent employé pour canaliser les paysans vers la dérive. Ainsi, la corrélation idéologique entre les gouvernants et les gouvernés me paraït négative.

Depuis longtemps une école de pensée politique tient pour l'essentiel l'opposition entre la minorité qui détient le pouvoir et la masse de ceux qui sont gouvernés. L' OPL n'a pas pu forcer Lafanmi de Garcia René Préval à réorienter le pouvoir vers les objectifs de l'idéal initial du mouvement de 1986.

Le mode institutionnel, depuis quelques temps, devient la source de la fonction publique, c'est-à-dire qu'il fournit des "princes" pour le commandement, pour la gestion du social. C'est le fait d'opposer à l'esprit théologique, et au risque d'accident de parcours, un cadre de formation et de preparation représentatif de ce qu'on appelle "la classe dirigeante". Ce cadre de formation est la création d'institutions spécialisées qui sont chargées de produire des chefs d'Etat et des leaders politiques. C'est la démarche de certaines grandes puissances en matière de recrutement des princes. Il n'y a pas encore en Haïti cette philosophie politique de mise en place des modes institutionnels capables de former des "princes" ou des leaders politiques. L'INAGHEI semble avoir failli à cette noble "tâche." C'est pourquoi le choix d'un président demeure un dilemme pour le peuple. Par exemple, la Convergence Démocratique, groupe rassemblant les grands partis politiques, n'a pas empêché Aristide de reprendre le pouvoir en 2001. Les tentatives de désobéissance civile et politique prônées par la Convergence Démocratique n'ont pas porté le fruit escompté.

Le choix de M. Gérard Gourgue comme "président symbolique" n'a pas été non plus une issue positive à la sortie de crise.

Avec les différents comportements des paysans, nous retournons à cette grande question: qui gouverne réellement? En considérant les rapports entre gouvenants et gouvernés, il paraît important de comprendre que les écoles de pensée, selon les idéologies, jouent un rôle déterminant dans la vie des sociétés.

Les marxistes font une distinction entre la démocratie bourgeoise et la démocratie prolétarienne. Pour les marxistes, le pouvoir est concentré entre les mains d'un petit groupe, d'une oligarchie (l'oligarchie est la bourgeoisie nationale formée d'un petit groupe de familles qui dominent tous les secteurs d'activités: secteurs commercial, bancaire, industriel, financier, etc.; ils ont le pouvoir économique et le pouvoir politique). Le pouvoir, pour les marxistes, a pour fondement l'économie mais il prend la forme aussi d'un fondement culturel et politique.

Par contre, pour les Elitistes (théorie Elitiste), leur première approche fut une conception naturelle et psychologique qui distingue la masse de l'Elite: supériorité naturelle étayée par une différence de tempérament entre les faibles et les forts. C'est la vision de Wilfrido Pareto. Plus tard, les théoriciens modernes ont abandonné l'idée de Pareto pour épouser une autre idée ancrée dans le statut d'un individu et son appartenace à l'élite. La théorie

Elististe oppose, donc, à la majorité une minorité dirigeante diversement définie. Wilfrido Pareto n'a-t-il pas avancé une théorie psychologique de l'élite ainsi formulée: "C'est la force et la ruse". L'idée est que ceux qui sont capables de manipuler les groupes ont la chance de conserver le pouvoir et de le reproduire.

Ainsi on peut dire que les décisions gouvernementales ne viennent pas d'une élite unie mais sont le résulat du rapport de force entre les différents groupes de pression. C'est inévitable qu'une démocratie débouche en dernière instance sous le contrôle de quelques-uns: la loi d'airain. Pour Robert Michel, le monde sera toujours sauvé par quelques-uns. La base de la source de ce pouvoir, de cette oligarchie, est l'organisation.

Il y a une différence énorme entre organisation et institution.

L'idée d'organisation implique la coordination des parties (il y a des rôles, des structures), alors que l'institution qu'on sépare toujours de l'organisation se réfère à un système de valeurs, d'attentes, de façons de faire.

Pourtant un auteur comme Wright Mills a combiné les deux: les valeurs sont des objectifs. On ne peut pas analyser une organisation sans parler de la culture de cette organisation, la culture étant prise comme institution. L'Américain Wright Mills a toujours été un sociologue contestataire. Au bas de l'échelle, on trouve des gens que Mills appelle "gens ordinaires" dont les caractéristiques essentielles sont, d'après Mills, des gens sans pouvoir.

On peut dire, en ce sens, que Wright Mills rencontre Max Weber. Car selon cette caractéristique, ce sont des gens inorganisés. Ils n'ont pas, à proprement parler, de partis politiques qui les représentent. De plus, ils sont fragmentés, atomisés. Les "gens ordinaires" sont manipulés par les médias, par les leaders, par les institutions qui les portent à croire au changement, au développement, à l'amélioration des conditions de vie.

L'image que Wright Mills donne à ce groupe a été critiqué par des marxistes et aussi par les libéraux. C'est l'image d'un groupe passif, manipulable; des gens qui vivent au jour le jour et qui attendent l'accomplissement des promesses.

Le substrat de l'élite est l'organisation, c'est-à-dire le gouvernement, les forces armées, les corporations forment un directoire qui décide pour les masses.

En fait, Wright Mills peut être considéré comme un **libéral-radical;** il a été taxé de communiste par un congressman américain et a été défendu de sortir du pays parce qu'il était allé saluer Fidel Castro en 1959.

L'école de pensée qui propose une autre réflexion à cette réalité s'appelle l'école Pluraliste ou l'école de la Démocratie Pluraliste. Ici, on parle de pouvoir dispersé par opposition au pouvoir cumulatif ou pouvoir concentré. Les pluralistes qui sont des libéraux n'admettent pas que l'économie domine le pouvoir (qui est de la pensée marxiste). Il n'y a pas de monisme causal (un seul facteur qui explique les causes) dans le pluralisme, alors que pour le marxisme c'est l'influence d'un seul facteur qui domine (le monisme causal). Les pluralistes utilisent aussi comme argument la doctrine de la séparation de pouvoir. Par exemple, l'exécutif, l'assemblée nationale (législative), le judiciaire et également les médias, les partis politiques, les groupes organisés, les groupes de pression organisés ou non. Pour les pluralistes, la séparation de pouvoir, avec également l'opposition, sert de contrepoids au pouvoir.

Talcott Parson le grand prêtre du structuro-fonctionnalisme a formulé, en matière politique, la théorie de la somme nulle du pouvoir.

L'Américain d'origine canadienne John Kenneth Galbraith, est également un pluraliste. Il a développé la notion de contre-pouvoir.

En fait, toutes les théories affirment par conclusion que les détenteurs du pouvoir constituent toujours un petit groupe qui domine la majorité.

Il y a un préjugé très ancien contre les masses. Les masses ont été perçues comme passives dans les théories scientifiques. Dans le livre de Gustave Lebon, "*La psychologie des foules*", par contre, il parle des foules émotives, criminelles et dangereuses pour la démocratie. Puisqu'elles sont irrationnelles et dangereuses, il faut les orienter, les manipuler.

En ce sens, Marx a fait la distinction de la classe en soi, représentant la foule incohérente, inorganisée, sans objectifs, sans unite; celle-ci doit devenir une classe pour soi, dotée d'un projet. Donc, c'est seulement la classe pour soi qui est appelée à faire l'histoire, le projet historique.

Marx et Hegel accordent une importance au comportement paysan. Mais Hegel, pour sa part, parle de l'idiotie de la vie rurale. C'est dire que la révolution ne se fera pas par les paysans. Par contre, un leader charismatique et révolutionnaire comme Mao a fait mentir cette thèse de Marx et de Hegel, pour avoir fait réussir en Chine une révolution paysanne.

Les mobilisations paysannes en Amérique latine annoncent de nouvelles données. En Haïti, le socialisme, par la renaissance des mouvements populaires, est devenu une idéologie à la mode parmi les intellectuels et les étudiants entre 1986 et 1991. Il finit par épouser une culture marxiste françisée.

Le fait est que les partis politiques de gauche ne comprennent pas que la paysannerie, même lorsqu'elle paraît foncièrement révolutionnaire, ne l'est pas dans le sens marxiste mais existe de "manière socialisante". Son discours est marxisant à cause de ses enfants universitaires et de ses écoliers qui lui parlent de changement à la marxiste. Par contre, à force des actions de développement et les activités de l'Etat, elle devient et se comporte en petit capitaliste. Contradiction mais réalité. Car le paysan d'hier adopte, malgré son humanisme socialisant, l'exploitation capitaliste, comme mode commercial de survie, inculquée chez lui par certaines organisations non gouvernementales. Mais ce sont ces mêmes paysans, dont les fils deviennent des officiels de l'Etat, qui endurent les tristes moments des vicissitudes de la vie et qui réclament une reconsidération de la situation politique d'aujourd'hui. C'est pourquoi il est important que les partis politiques mettent l'accent sur la contribution qu'ils doivent apporter au mouvement de la masse pour ne pas rater leurs chapitres respectifs dans les pages d'histoire de la gauche haïtienne: le KID de Evans Paul, le PRANPRA de Serge Gilles, le CONACOM de Victor Benoît, etc., qui sont autant de partis qui se réclament ouvertement de la "gauche progressiste". La formation civique des habitants, l'information sur l'évolution et sur la cohabitation des idéologies contradictoires et la tolérance et la concurrence constructive de la gauche d'avec la droite auraient abouti à l'éclosion de l'ère du vrai changement et du développement national.

Toutefois, de 1990 à nos jours, la gauche a fait une avancée considérable, surtout du côté des étudiants de la génération des années 1990, soit de 1990 à 2005.

Cependant du côté de la droite, s'il n'y a pas de reformulation de l'approche libérale pour les peuples opprimés de l'Amérique latine et des Caraïbes, la génération d'aujourd'hui ne l'accepterait jamais parce que trop pétrie dans les révoltes, les manifestations et les revendications contre la mauvaise gestion de l'Etat libéral. Malgré l'existence actuelle d'interdiction, de surveillance et de piège pour les progressistes socialistes, les choses ont légèrement changé en dépit de l'effondrement du géant protecteur des socialistes /communistes l'URSS. Cuba était prise dans ce piège. Car, elle était internationalement clouée par la loi Helms Burton et les principes commerciaux y relatifs. D'après cette loi: les multinationales nord-américaines sont tenues à les appliquer et non la loi du pays dans lequel elles sont implantées; mieux, tout citoyen reconnu coupable d'avoir commercé avec Cuba, mettant les pieds aux Etats-Unis, est passible de 200 millions de dollars d'amende et de 200 ans d'emprisonnement. La loi Helms Burton permet d'interdire l'achat par Cuba de tout produit dans lequel entre un composant fabriqué par une multinationale nord-américaine. Si l'on fait du commerce avec Cuba, on est interdit aux Etats-Unis.

Mais dans tout cela, il n'y a pas seulement l'aspect commercial; l'aspect politique rentre également en ligne de compte. Il est prévu une transition politique à Cuba. Et la loi donne droit au gouvernement des USA de renverser le régime socialiste cubain et de rendre compte au Congrès de l'avancée de ses tentatives; un budget est prévu à cet effet pour financer la subversion intérieure et la propagande extérieure. C'est dans cette ligne de pensée qu'il convient d'être prudent en suivant ou en analysant les contextes géo-politiques, géo-économiques, géo-stratégiques avant tout. La gauche comme la droite est obligée d'en tenir compte. Car, partout, il y a un besoin urgent de corriger et de redresser les différentes formes de politiques visant à éliminer les tentatives d'aliénation et de globalisation. Les impérialistes s'inquiètent.

Les avancées de l'histoire en Amérique latine sont notoires.

On se rappelle que le Brésil a reçu, durant l'année dernière, les présidents de la Chine, de la Corée du Sud, du Viet-Nam, de la Russie ainsi que le Premier Ministre du Canada et le Roi du Maroc. Ceci est arrivé par le fait que le président Lula, dans ses démarches diplomatiques, a opté de travailler pour une plus grande justice sociale. Beaucoup de pays ont manifesté leurs intérêts à cette ouverture politique, consistant à diminuer les privilèges des groupes dominants et à favoriser l'essor des masses et des paysans. Y-a-t-il un grand intérêt de la part de ces pays de renouer sous une base nouvelle leur politique sociale avec le Brésil? Le renouveau de la pensée socialiste? Le changement du sort des masses? L'idée court et traverse des groupes sociaux. Mentionnons la prestation de serment de la nouvelle présidente socialiste chilienne Michelle Bachelet. Cette vague de montée en flèche des socialistes justifient une volonté de la part de certains partis de vouloir lutter contre la corruption, la marginalisation, l'incompétence, la malversation.

NOUVELLE DIMENSION DE LA LUTTE IDÉOLOGIQUE

C'était pour lutter contre l'exclusion et la ditacture que le mouvement de 1986 avait renforcé sa position en 1990. Les années 1990 ont été, pour certains, l'échec de la gauche haïtienne. Or, si les discussions portent sur des similitudes, là encore il y a matière à se poser des questions. Car, dans les autres pays où l'on se bat contre l'aliénation, la direction des affaires politiques s'oriente autrement. Or, le 17 Octobre était qualifié de révolution double. Deux choses importantes sont à remarquer: d'abord la prise du pouvoir politique par le prolétariat, ce que rendait possible l'achèvement des tâches de la révolution bourgeoise, et ensuite la destruction des rapports sociaux pré-capitalistes à la campagne. C'est pourquoi, il apparaît important de situer les mouvements socialistes dans un contexte socio-politique mais aussi géo-politique où la diplomatie et le commerce international pèsent sur le processus des luttes de changement.

Le contexte national est inquiétant et est sujet à discussion. Il importe pour le paysan d'avoir une vie meilleure, dans un cadre de développement équilibré réunissant les valeurs monétaires et technologiques et les valeurs morales et humanitaires. Mais, le paysan est aux prises entre la droite qui, jusqu'à maintenant n'a pas pu améliorer son sort, puisque ses conditions de vie sont encore très déplorables, et une gauche qui jusqu'ici n'a rien réalisé de concret pour lui.

Le discours de la droite sur la libéralisation, la globalisation, la privatisation laisse le paysan indifférent quoiqu'il pense que la création de travaux à haute intensité de main-d'oeuvre lui ouvrira la porte d'une vie meilleure sur le marché de l'emploi. Ainsi, les actions administratives des militants gouvernementaux de droite font germer des idées nouvelles en faveur du paysan. Ils cultivent, malgré eux, une certaine ambiguïté quant aux actions, aux promesses, au personnel requis. La lutte entre la gauche et la droite a créé obligatoirement des tensions comme cela existe dans toute mouvance socio-politique et idéologique. En effet, qui va en bénéficier si elles se révèlent productives et productrices?

Les différentes factions politiques de la droite font un consensus idéologique autour du modèle néo-libéral. Si la droite n'a pas réussi à sortir la paysannerie de la pauvreté, elle n'a pas totalement échoué pour autant parce qu'elle a été capable de supporter la classe dominante et canaliser les forces politiques et idéologiques vers la régulation de sa classe. C'est la logique.

Il paraît, pour le moment, difficile de déchiqueter en détails les différents abords des factions politiques qui, aux environs de 2003, mettent le pays en branle, chacun, pour le contrôle du pouvoir. Beaucoup de gens pensaient que Aristide, par son discours socialisant, était de la gauche. Ils le prenaient pour un "socialiste progressiste". Il manisfestait la volonté de travailler avec le peuple en vue de changer les choses. L'était-il par conviction? Toutefois, Jean Bertrand Aristide avait cessé d'être de gauche depuis sa décision de retourner au pays accompagné des Marines Américains ou, tout au moins, la gauche ne comptait plus sur lui. Il finit par être isolé de sa source politique, de sa racine culturelle et de sa base idéologique. Dans cette situation troublante la position des paysans était totalement ambivalente parce qu'ils recherchaient tout simplement un "désaliénateur", un leader charismatique capable de leur faire avoir un bonheur social.

Le groupe de 184 était multiforme et multigroupal (étudiant, syndicat, paysan, etc.), et n'avait aucun rapport direct et formel avec la gauche aux Etats-Unis.

Dans Le Sillage Du Mouvement Etudiant

C'est une longue trajectoire. Les étudiants haïtiens ont souvent voulu lutter pour freiner certaines aberrations administratives. C'est légitime de vouloir mettre en application des notions scientifiques qu'ils ont apprises à l'université. Celle-ci est constituée pour transmettre le savoir officiel, reconnu par la communauté scientifique internationale et malgré les mouvements d'étudiants, l'Université a continué à garder son sens éthique et son prestige. Jean Pierre Deslauriers a eu raison de répéter que: «L'université est une institution prestigieuse.[27]» Ce qu'on sait déjà, parce qu'elle se donne comme objectifs de faire avancer la science et la recherche.

---

27 Jean Pierre Deslauriers, *Recherche qualitative, guide pratique,* Montreal, Les Editions de la Chevalière Inc., 1991, p. 110.

Et, Deslauriers de poursuivre: «Le but de la recherche est de découvrir. [28] » Les découvertes scientifiques constituent l'âme de l'université. Les étudiants rêvent de changement par le biais de la révolution; révolution pour le changement. A la suite de chaque mouvement, on assiste à ce qu'on peut appeler "révolution de palais" et cela s'arrète là. Et il y a toujours une reprise de la lutte sous une autre forme en vue du changement, à côté des exigences académiques au sein des universités. Parfois, il y a plus d'activités politiques qu'académiques. La politique, le non-respect de la Science, la perte de la rationalité, l'oubli de la rigueur méthodologique, que sais-je encore, semblent l'emporter sur tout ce qui est scientifique. C'est l'un des contextes qui me porte à citer Amary Joseph Noelqui a dû s'exclamer: {L'esprit scientifique doit continuer de régner. [29] } Ainsi, il fallait focaliser sur des activités liées à l'émergence de nouveaux enjeux pour les relations Enseignements-Supérieurs et agriculture, Enseignements-Supérieurs et technologie et industrie etc. Les organismes publics n'ont jamais été des institutions à effets facilitateurs qui auraient mis l'accent sur des interactions entre les divers lieux de production scientifique et technique et encouragé les universitaires à se lancer dans des changements réels, dans la révolution culturelle, technique, sociale et économique. En fait, la révolution elle, suppose une transformation radicale de la structure économique, politique et sociale d'un Etat par la lutte des classes. Par contre, il ne faut pas oublier que, dans le changement politique, il y a lieu de faire une place à la contre-révolution et au terrorisme qui peuvent être considérés comme la force actuelle ou contemporaine de changement politique. Cependant, la révolution culturelle n'est plus aujourd'hui l'affaire des élites. Elle est actuellemnt la trame des histoires économiques

---

28 Deslauriers, *ibid*, p. 31.

29 Amary Joseph Noel, *Methodes de recherché en sciences sociales, comment realiser un mémoire desortie*, tome 1, Port-au-Prince, Editions des Antilles, ...p. 158.

de toutes les couches sociales, notamment des étudiants, des ouvriers, des paysans qui recherchent de nouveaux styles de vie.

Il faut dire tout d'abord que la révolution culturelle apparaît, d'après Herbert Marcuse, comme une réponse à la contre-révolution. Celle-là peut avoir plusieurs aspects: les tensions internes qui animent le protocole du comportement et les modes de vie, les balises, notamment, les demandes au niveau international.

En ce qui concerne la contre-révolution, certains pays comme les USA, le Canada, et également certains autre pays industrialisés ont été engagés dans des mouvements de prévention de l'éclosion de révolution possible. C'est ce que Herbert Marcuse appelle la contre-révolution. Marcuse est l'un des rares auteurs qui, après Antonio Gramsci, est le premier à mettre en évidence la notion culturelle. Marcuse s'est inspiré de Gramsci sur quelques points.

Il existe des événements qui n'ont rien à voir avec le peuple qu'on appelle aussi changement et révolution, le terme de "*révolution de palais*" évoqué dans les pages précédentes. C'est une action qui porte au pouvoir de nouveaux dirigeants à la suite d'intrigues dans les sphères gouvernementales, un simple changement de personnel politique. Un tel mouvement ne vise jamais les transformations profondes et le changement radicale des structures.

La révolution est le cri des humanistes.

Lénine et Staline ont toujours cru que la révolution ne pouvait venir que des villes, des citadins et ouvriers. Ils considéraient les paysans comme étant hors d'histoire. Pour eux, l'acteur central était le prolétariat industriel.

Dans la vision ou la philosophie politique des Chinois, la révolution ne peut venir que des paysans. C'est le reproche que Mao Zedong a adressé aux Russes. L'identité de l'acteur central est un facteur qui varie aussi. Pourtant, dans la pensée libérale du changement, les acteurs principaux de la révolution sont les intellectuels, les universitaires. C'est pourquoi la tendance de la droite est de mettre l'accent sur les élites, notamment l'élite intellectuelle pour travailler en vue d'améliorer le sort du peuple.

La position de la droite est ferme et elle va dans une direction quasi- unilatérale consistant à raffermir sa volonté de vouloir assainir les finances publiques, réguler la gestion inefficace de l'administration et privatiser certaines institutions en vue d'une meilleure gestion des affaires publiques. Dans l'idéologie de la droite, le changement consiste en des initiatives liées aux réformes institutionnelles qui sont pour les tenants de la droite des mouvements révolutionnaires, lesquels conduiraient au développement. La création d'emploi et la bonne rémunération restent la toile de fonds du combat qu'elle mène dans le milieu des fonctionnaires de l'Etat et des universitaires, et spécialement des "cols bleus" et des étudiants. Leur mouvement parait être toujours faible parce que trop éphémère dans ses actions profondes de vouloir changer le fonctionnement académique de l'université elle-même. Car certains professeurs qui sont des avant-gardistes ou des progressistes ne sont pas malheureusement pour un changement en profondeur de l'université. Un tel éclatement les évincera automatiquement de l'université. D'ailleurs, les exigences relatives au niveau requis pour être professeur, doyen, directeur ou fondateur d'université ne sont pas prises en compte en Haïti. Dans ce contexte, le mouvement d'étudiant n'ira jamais dans le sens de vouloir changer la situation académique des étudiants. Question d'orgueil! Le maître ne veut pas être dépassé par son élève, alors qu'il serait intéressant que le corps professoral continue à se former par des congrès universitaires, des colloques où professeurs et étudiants viennent se frotter la cervelle contre celle d'autrui, dans l'ordre, dans le but de comprendre ou d'apprendre quelque chose de nouveau.

Dans certaines universités ou institutions d'éducation des pays du nord, les mouvements étudiants sont souvent étouffés par une politique d'octroi de bourse gouvernementale totale ou partielle à tout étudiant (prêts et bourses). Les revendications formulées par les étudiants ne visent pas fondamentalement ou principalement la question politique de la gestion des affaires publiques. Elle sont souvent d'ordre académique dans le sillage d'un mouvement étudiant.

Il y a des révoltes collectives au niveau de la conscience, exprimées silencieusement et/ou à voix basse, et des révoltes individuelles exprimées publiquement qui, parfois, se terminent dans le sang. Quand, par exemple, un étudiant d'université ou d'institut, poussé par la colère, brandit une arme à feu et tue des gens, professeurs et étudiants, dans les couloirs d'un campus, c'est l'expression d'un mécontentement, c'est un acte de revendication dont le défoulement se termine dans la tuerie, suivie souvent de suicide. Ce sont des séquences d'un mouvement étudiant.

En Haïti, la lutte des étudiants ne s'exprime que par occasion, et surtout en termes de circonstances politiques. Parfois, elle prend la forme de règlement de compte personnel, de conflits de personnes entre professeurs qualifiés et professeurs non-qualifiés; entre partisans d'un tel professeur, adversaire d'un responsable académique; entre les écoles de formation académique où les professeurs ont été formés: école nord-américaine (USA, Canada), école européenne (France, Belgique, Allemagne, Espagne, etc.), école latino-américaine (Venezuela, Mexique, Cuba, République Dominicaine. etc.). Véritable conflit interne! Celui-ci ralentit la course du mouvement étudiant. Il donne plus de force à la déchirure du tissu universitaire. J'ai déjà évoqué cette question de niveau universitaire. Les grades décernés, le niveau universitaire

pour être professeur d'université et le grade universitaire pour
être doyen d'institution ou d'université deviennent des éléments
de conflits entre les partisans du pouvoir politique en place
et ceux qui ne sont pas au pouvoir. C'est encore un problème
de formation politique et intellectuelle qui alimente les luttes
d'écoles[30] au niveau de l'université haïtienne. Comment le
rectorat gère-t-il ce problème?

Même si la lutte de 1986 mettait l'accent sur l'autonomie,
elle n'a jamais visé une réforme en profondeur où étudiants et
professeurs réclameraient--- pour mieux dire,   exigeraient--
-de meilleures conditions d'études en matière de curricula, de
matériels didactiques, de moyens d'apprentissage, de bourses de
perfectionnement, de compétence, de niveau académique élevé,
de reconnaissance d'équivalence, de mise en place de centre
de recherche, de centre de documentation, de valorisation et
d'homologation de leur certification (attestation et diplôme tant
en Haïti qu'à l'étranger); et de même au niveau de l'encouragement
et de l'encadrement des professeurs à produire, de l'ouverture de
salles de sports, salles de jeux et de lecture, du campus, etc.

L'université est parfois source de conflits lorsque les membres ont

---

30 Les luttes d'influence et d'écoles de formation ne sont pas à négliger.
Car il est important de les situer dans le contexte du "changement" à
l'intérieur même de l'université. Aux environs de 1997-98, je dirigeais
un mémoire de licence d'un étudiant. Ce dernier a soumis son travail au
directeur du départment de psychologie de la faculté d'Ethnologie d'alors
qui n'était pas d'accord avec l'étudiant sur le développement d'un point
de vue. L'étudiant est venu me consulter à ce sujet pour me dire que le
directeur du Département de Psychologie n'était pas d'accord avec ce
point de vue développé dans son travail. Et moi de dire à l'étudiant qu'il
s'agissait là d'un problème de formation et d'école. Ce directeur était dans
la même salle que nous, s'en est prist à moi, comprenant que j'ai voulu
dire qu'il n'était pas bien formé. Tel n'était pas le fond de ma pensée.
C'est dire que le problème d'école se pose avec acuité dans ce pays et à
l'intérieur même de l'université.

des intérêts divergents. Les conflits ne visent pas la production scientifique et n'encouragent pas le changement. Ils débouchent sur une lutte de personnes qui freine l'évolution du mouvement étudiant, qui bloque l'élan scientifique et rationnel des jeunes chercheurs. Bien au contraire, ils sont presque tous transformés en apprentis politiciens. Ce qui n'est pas trop mauvais!

Enfin, c'est quand même une lutte pour le changement! Car la théorie de "l'Angle de Vision" me porte à avancer cette assertion: une lutte qui, qu'on le veuille ou non, débouchera sur un "changement inévitable".

Mais la lutte prend, certaines fois, des allures regrettables parce que souvent ce sont des luttes internes qui canalisent le mouvement étudiant. Alors, ce mouvement est-il de droite ou de gauche? Qu'est-ce que les paysans vont tirer de ce mouvement?

Dans cette lutte pour le changement, les fils de paysans s'y mêlent obligatoirement. Au sein de ce mouvement étudiant, il y a toujours une orientation de la droite. Mais, durant ces dernières années, la gauche était majoritaire. On comptait arbitrairement un fort pourcentage d'étudiants pro-socialistes pour seulement un très faible pourcentage de droite (je m'excuse pour l'absence de statistiques, je ne suis pas en possession de données chiffrées viables), le reste se confinait dans le vascillement, la neutralité, etc. Le va-et-vient entre étudiants et paysans (leurs parents) était une note qui laissait comprendre que cette fois-ci les paysans seraient mobilisés pour épouser définitivement l'idéologie socialiste et pour mieux comprendre la portée et le fondement de la lutte que mènent les étudiants sur plusieurs fronts en vue de leur désaliénation. Mais les tentatives n'ont pas fait long feu. Telle a toujours été l'histoire de la gauche.

Depuis le début du siècle dernier, les démarches en ce sens n'ont jamais pu aboutir. Des noms y sont retenus, parmi lesquels citons une fois de plus le nom de Jacques Roumain qui a inauguré en 1931 la diffusion de romans paysans, pour prolonger la vision de Jean Price Mars qui demandait aux indigénistes de trouver chez les paysans les racines profondes de leur culture d'Haïtiens. Manuel, le personnage principal du roman paysan intitulé *"Gouverneur de la Rosée"* serait le modèle du révolutionnaire non-violent. Il ne se voit pas (écarter l'individualisme) mais il voit la collectivité, la masse de ceux qui pataugent dans la misère la plus affreuse--- c'est-à-dire, les paysans, ses parents. Cette idéologie marxiste du jeune Manuel a séduit tous les hommes de gauche, et même les progressistes de droite. Car Roumain a posé le problème rural avec acuité et a proposé une solution sociale à la socialiste. Et tant d'autres vont le soutenir plus tard comme Stéphen Alexis et René Piquion qui ont essayé par la saisie du matérialisme historique, de tendre vers le réalisme socialiste en mettant l'accent sur le prolétariat d'alors et également sur la paysannerie.

Autour de la "Ruche", revue créée par la génération de 1946, se groupent de jeunes étudiants qui célébraient le "socialisme paysan". La diffusion de "Etincelle", plaquette de poèmes de René Depestre, l'interdiction de la "Ruche", dont un numéro était consacré à André Bréton, avait provoqué la grève des étudiants. Celle-ci n'a pas tardé pas à s'étendre aux travailleurs. Ce mouvement aboutit à la chute d'Elie Lescot. Sous le coup surchauffé de la grande Révolution cubaine, Depestre fut à l'Université de la Havane comme professeur. Mais a-t-il dit: {J'étais un faux professeur qui s'adressait à de faux élèves.} Autrefois cette stratégie marchait, aujourd'hui cette stratégie ne pourrait pas marcher. On n'est pas sous le coup de la révolution. Les chimères et les faux étudiants sont "malheureusement" ou "heureusement" visiblement identifiés. Les mouvements d'émancipation sont importants dans la mesure où ils visent le changement de structure.

Or, c'était à la suite d'une grève d'étudiants qu'en 1962,

l'Université d'Haïti a été mise sous contrôle gouvernemental et a pris le nom de l'Université d'Etat d'Haïti. Et depuis, l'Université n'a pas pu se prononcer ouvertement sur les affaires paysannes/ ouvières. Les immenses mobilisations de la droite de 1960 à 1986 ont fait voler en éclats les mouvements de gauche. La "gauche clandestine" n'a pas pu faire avancer le mouvement populaire.

Le modèle capitaliste commence à s'incarner profondement dans les esprits et les coeurs, et même dans les consciences au point qu'il s'introduise dans les moeurs. Il a pour conséquence de traduire dans la glaise du réel le civisme et le patriotisme, fortement ancré dans la vie quotidienne de tout un chacun, notamment dans la vie des penseurs, des intellectuels, des étudiants et aussi des paysans. L'appel était fait à tout intellectuel de servir le pays. Les portes étaient ouvertes et les bras accueillants étaient tendus à tous ceux qui manifestaient le désir de mettre leur savoir, leur science, leur compétence, leurs expériences au service de la patrie, avec la seule condition de se conformer aux principes de l'idéologie de la droite qui, à cette époque-là, luttait contre le communisme. Il y a eu alors un éveil de conscience patriotique où le civisme jouait un rôle de premier plan dans la gestion des affaires publiques. Les différents gouvernements de droite armaient une bonne partie de la paysannerie. Par exemple, les Tontons macoutes ou Miliciens qui défendaient la "révolution duvaliériste". C'est également un aspect de l'idéologie de la droite. De 1960 à 1985, beaucoup d'intellectuels étaient alignés, le reste se taisait avec grande peur. A cette époque-là, on n'avait pas le droit de toucher aux paysans, de les motiver, de les sensibiliser sous peine d'être taxé de "Kamoken", alors que la question agraire, qui est essentielle pour cette génération et pour la diffusion du capitalisme, n'avait pas encore amené la formation de la social-démocratie; bien au contraire! Parce qu'il fallait éviter un soulèvement, un éclatement brutal, un renversement du president, les protestations politiques étaient clandestines (Radio vonvon, radio Kamoken), c'était la voix anomyme des des faibles. Mais vouloir renverser un gouvernement ne veut rien dire, sinon que cela rentrait pourtant dans le cadre de changement de personnel gouvermental.

En 1986, c'était le même scénario. Car l'apport des étudiants aux événements de 1985-86 et de 2003-2004 n'a rien de semblable avec l'affaire de Mai 68. Celui-ci n'est pas un modèle. Car, l'originalité compte. En ce sens, reformuler les objectifs de la lutte des étudiants pour une meilleure amélioration des conditions de travail académique et également un changement social global s'avère indispensable. Car, comme le dit Jean M. Guiot: «Tout objectif implique un ensemble d'activités définies avec plus ou moins de précisions selon son niveau hiérarchique.[31]»

La lutte des étudiants haïtiens comporte à mon humble avis deux aspects principaux:
a) un aspect politique
b) un aspect économique

Cependant, il y a tellement de cassures qui échellonnent sa trajectoire, ce n'est plus la droite qui est génératrice de conflits internes mais ce sont les courants nationalisme, patriotisme, alternativisme,etc.

Les étudiants ont des doutes quant à l'harmonisation même progressive des relations idéologiques internes, voire entre la gauche et la droite: un manque de tolérance! Alors qu'avec cette tolérance, la composition de la gauche et de la droite, cette complémentarité idéologique dans la concurrence administrative de la gestion des affaires publiques, l'Etat-Nation aurait été formidable pour le bien-être des étudiants eux-mêmes dans un débat philosophique, dialectique et sociologique sur le politique. Cependant durant les 20 dernières années, la lutte des étudiants ont pris des proportions intéressantes. Car, il y a beaucoup plus de

---

31 Jean M.Guiot, *Organisations sociales et comportements,* Montréal, Ed. Agences d'Arc, Inc. 1981, p. 23.

fils de paysans qui ont encouragé les mouvements d'opposition en tant qu'alliés du changement. Mais, ce bloc se déchire et s'émiette quant à la façon de s'entendre sur l'orientation productiviste, la canalisation des moyens de production et le contrôle des richesses; la production paysanne en ce sens reste une affaire rationnellement mise à l'écart bien que l'on parle de développement endogène ou de développement par la base, de développement durable ou effet levier. Les grandes idées d'orientation politique en matière de développement sont souvent puisées de la source étrangère. Mais quand les idées viennent de l'étranger, c'est-à-dire ne sont pas puisées dans le terroir, l'écart idéologique devient considérable. Il y a incompréhension, inadaptation et parfois même rejet tout court de la part des paysans. Ils n'ont pas oublié les années passées sous les bottes des marines et des réactionnaires haïtiens. Paraissant un peuple dépaysé, les paysans appellent à l'encadrement de l'élite. Mais l'intelligentsia Haïtienne évitait de s'impliquer trop ouvertement et trop profondément dans les affaires de la politique de gauche. D'où une longue période d'absence de la diffusion de la gauche de 1960 à 1986. Une partie de la gauche déviée, devient l'extrême droite et se dresse contre ceux de la gauche: morts, persécutions politiques, exil, tortures tels sont les maux qui caractérisent la vie des intellectuels des années 60. Mais, la politique nationale redevient préoccupante à partir de 1983 et l'abstention des étudiants aux politiques est de courte durée.

Après le départ des Duvalier en 1986, plusieurs réseaux se créent pour lutter contre les politiques néo-libérales et des protagonistes militent contre la globalisation néo-libérale. Ils ont noté les résultats catastrophiques des politiques d'Ajustement Structurel (politiques néo-libérales imposées par le Fonds Monétaire International et la Banque Mondiale) depuis les années 1980. Lesquelles politiques néo-libérales portent les étudiants à penser sur le mécanisme de la gestion de l'administration publique, le rapport de celui-ci avec la paysannerie. En effet, ils ont compris que ces démarches néolibérales contribuent à raffermir l'aliénation des classes inférieures et conséquemment la destructuration de la paysannerie. Ainsi, remettent-ils en question la privatisation des institutions, du marché, qui renforcent les inégalités sociales. Mais, ils sont conscients de la faiblesse de la force du mouvement ouvrier, du prolétariat. C'est pourquoi, depuis 1990-91, les intellectuels de gauche commencent à introduire de manière formelle la paysannerie à la lutte des ouvriers en élargissant la pensée haïtienne du changement, la politique des ouvertures, comme ont soutenu certains penseurs. Pour Jean-Pierre Cot:

> «Le marxisme ne se réduit pas à une théorie du changement social. Marx a donné à son oeuvre une dimension considérable. Considérable parce que le marxisme est une conception du monde (ou weltanschauung), et à ce titre une philosophie, une économie politique et une sociologie. Mais c'est aussi une doctrine qui vise à la transformation du monde et par là une philosophie de la pratique c'est-à-dire de l'expérience sociale des hommes face à la nature ou à l'histoire et donc à la politique.[32]»

Comme les initiatives idéologiques de la droite, elle touche à la globalisation sous le rapport de la diminution des écarts économiques, la réduction du fossé social et l'élimination des barrières culturelles.

La Rencontre Des Deux Classes

Le mouvement ouvrier étant limité par la faiblesse de l'industrialisation, il ne peut pas à lui seul prévoir l'émancipation populaire, érigée par les socialistes. Les différents mouvements

---

32 Jean-Pierre Cot (et al), *Pour une sociologie politique*, tome 1, Paris, Ed. du Seuil, 1974, p.98-99.

paysans renforcent une idée de changement conçue depuis le début du siècle dernier: émanciper la masse de l'aliénation. De 1980 à 1986 et de 1986 à 1990, pour la première fois, les citadins et les fils de paysans se sont rencontrés pour planifier la motivation au changement, beaucoup de cellules, de satellites, de groupes en ont fait partie naturellement. Ils commencent à mieux comprendre que pour sortir les masses Haïtiennes de la pauvreté, ils doivent trouver une stratégie d'éducation populaire. Car, pendant longtemps, ils étaient en tant que tenants de la gauche et socialistes, éloignés des classes paysannes et ouvrières. La grande question est comment implanter définitivement la gauche dans les classes populaires et comment gérer cette idéologie et cette masse d'individus assoiffés de justice sociale sans qu'il y ait éclatement qui puisse tourner en chaos. Car, l'histoire d'Haïti est toujours en deuil à cause des guerres civiles, des tristes moments d'occupation étrangère, des attitudes d'humiliation que l'émotion politique a déchaînés hier et aujourd'hui encore.

La gestion du social n'est pas chose facile. Car, de 1990 à nos jours, c'est le discours de la violence et des conflits qui accompagnent la diffusion des idéologies. L'implantation de celle-ci dans les classes non-possédantes crée des problémes de mécanisme social, de stratégie politique et de participation à la régulation de l'Etat. Ainsi, conséquemment les étudiants et les universitaires pacifistes supportent mal les discours qui tendent à inculquer les ouvriers pauvres, et les paysans parcellaires à détrôner la bourgeoisie de ses biens matériels et de l'éliminer physiquement. La bourgeoisie, de son coté, s'inquiète et s'ébranle dans ses fondements et ses composantes sociales au point qu'elle n'entend plus composer avec les tenants des politiques socialistes. L'une des conséquences est le démenagement commercial.

Il faut une nouvelle stratégie! Au lieu de transformer les tenants de la droite en sympatisants de l'amélioration des conditions matérielles de la masse et de les ramener sur le terrain de l'universalisation sociale, les socialistes ont préféré discourir sur la "chasse aux sorcières", l'exclusion, la destruction de la classe dominante. Cette peur de la gauche crée l'offensive dans le camp libéral.

Les étudiants progressistes étaient accueillis avec méfiance dans les institutions privées et toute action des progressistes est contrôlée, surveillée et devient suspecte. Une telle attitude de la droite contribue à distancer la gauche haïtienne de la masse des paysans et ouvriers pour lesquels ils luttent. Autre chose, la gauche est trop théorique. Le retour à "l'ordre constitutionnel" en 1995 a été une coupure du processus de l'ouverture sur la gauche. De plus pour maintenir les relations dialectiques des paysans et des ouvriers, l'université se voue à certaines ONG. Il se crée un vide idéologique entre un ancien président au discours marxisant, anti-capitaliste, et un retour au pouvoir de ce même président sous la protection militaire d'un pays capitaliste contre lequel ces mêmes discours étaient dirigés.

Cette contradiction idéologique porte à croire à des non-dits ou des sous-entendus. Quelles sont les promesses et les négociations qui entourent cet acte? D'où la méfiance enregistrée chez certains leaders latino- américains. L'exemple de l'Amérique latine revenait encore dans le cadre des conflits d'idéologie sur le plan politique et commercial. Le MERCOSUR, regroupant le Brésil, l'Argentine et l'Uruguay qui refuse de se dissoudre dans la ZLEA, constitue un coup pour les Etats-Unis. De même, Venezuela et les pays anglophones des Caraïbes s'unissent dans certains domaines. Ce regroupement en union resserre l'idée de toute tentative de proportion de politique néo-libérale de l'impérialisme. La question de la formation des tenants de la gauche et de l'éducation des masses dans cette idéologie est un élément stratégique de résistance et de promotion. Tel est l'exemple du Venezuela qui poursuit cette démarche. Car le référendum du mois d'août 2004, suivi des élections municipales et des gouverneurs, ont confirmé la volonté du peuple venezuelien à poursuivre la voie anti-impérialiste, et dont la conscience populaire a fait échouer le coup d'Etat de 2002 contre le Président Hugo Chavez.

Il n'y a pas de doute que l'histoire retiendra la rencontre de la double classe, et la mise en commun de deux forces sociales sous l'égide de l'université. Mais, il ne faut pas viser l'exclusion systématique du secteur privé et l'anéantissement de l'Etat. Il faut parler d'université Haïtienne, étudiants et professeurs de toute institutions universitaires, comme paysans et ouvriers de partout pour la même cause d'émancipation populaire. Car la division interne retarde le processus de changement et conséquemment celui du développement.

Les Phases Du Mouvement Etudiant

La rencontre idéologique des deux classes paysanne et ouvrière ouvre la voie à la détermination des étudiants de changer la trajectoire de l'histoire. Les conflits de personne rejaillissent sur les démarches des étudiants. ceux-ci, oubliant souvent les paysans-ouvriers qu'ils défendent, veulent parfois prendre partie pour tel ou tel groupe. Cette assertion met en lumière l'orientation polititique des années 1990-2005.

Il s'agissait d'une scission au sein même du grand mouvement de changement social. L'Organisation du Peuple en Lutte (OPL, centre gauche) se comporte en opposant. Rapidement, les rangs de l'opposition parlementaire ont été rejoints par divers secteurs tels que la société civile et le secteur privé qui ont fait une alliance circonstancielle avec le groupe des 184, pour renverser le gouvernement d'alors. Les organisations d'étudiants s'en suivent dans la division et le conflit. Par rapport à la FEUH (Fédération des Etudiants de l'Université d'Etat d'Haïti) se crée à l'opposé une autre association dénommée "Intiative Etudiant". Celle-ci critique et s'oppose violemment à celle-là. Mais ni l'une ni l'autre n'a appelé les paysans et les ouvriers au cours de leurs différents. Dans ces diverses branches de l'opposition où se trouvait la gauche, les paysans sont manipulés par leurs fils, mais non orientés vers la détermination de lutter pour un avenir meilleur.

En effet, le mouvement des étudiants comportait trois (3) grandes phases:

a) une extrapolation du mouvement paysan-ouvrier dans le sens de vouloir investir le pouvoir;

b) une poussée d'insatisfaction socio-économique et idéologique par rapport à l'attente populaire;

c) une incitation au changement, de manière partisane, comme corrolaire de la deuxième phase , et qui est une démarche de transformation à la marxiste de la force paysanne à partir des valeurs du capitalisme.

Le conglomérat de conflits en tout genre amènera des prises de position néfastes, non seulement pour les étudiants et l'université mais aussi pour les paysans et les ouvriers. Alors, la paix idéologique et la fin des conflits ne peuvent que le résultat du développement des partis politiques, du niveau de conscience de classe de chaque strate sociale, de leur sens de tolérance de vouloir se composer et de se compléter pour le bien de la nation, tout en restant attaché à l'idéologie de gauche ou droite (extrême, modérée ou centriste). Mais tant que les paysans parcellaires, les ouvriers, ne sont pas partie prenante du tracé de l'histoire de leur vie dans le sens de la maîtrise de la destinée, l'ordre et le désordre ne pourront cohabiter. Il faut que la lutte des classes puissse se faire sur un autre front, soit la politique gouvernementale concurrentielle, dans la gestion des affaires publiques, et les deux types d'idéologie politique se promettent de promouvoir une politique de paix, pour éviter le cercle infernal de la vengeance et de la revanche et la répétition pendant des années, même au cours de 2004, marquant deux cents ans d'indépendance, les pires atrocités qu'a connues le peuple haïtien qui, à travers les idéologies en présence, se cherche pour se créer une voie de développement national.

Mais, à analyser les discours, ceux de la droite, ceux de la gauche, il ne faut pas se le cacher, demain peut être encore triste; de la violence il y en aura encore; des conflits sanglants seront enregistrés; l'avenir réserve encore des malheurs; la souveraineté est encore menacée s'il n'y a pas un véritable apôtre de la paix qui, comme Manuel, accepterait de sacrifier sa vie pour sauver la patrie en détresse idéologique.

Les idées en cours:

Devant la diffusion des idées néo-libérales en cours, les étudiants haïtiens ont fait un sursaut sur les possibilités de mener à bon port cette phase de l'histoire. Deux forces s'opposent tristement et chacune d'elle défend une position paraissant légitime.

Mais dans la foulée des choses, cette partie d'histoire tristement affichée aux yeux de la jeune génération projette une mauvaise image de la lutte et du mouvement de changement: les étudiants s'opposent entre eux de manière sanglante et criminelle. Ils ont laissé l'arme de la dialectique pour la dialectique des armes. La science a été méprisée aux dépens de la brutalité, de l'amertume, de la tuerie par manque d'intégration idéologique. J'entends par là un consensus social qui aurait appelé une composition historique de la pensée libérale et de la pensée radicale. Les deux peuvent amiablement se composer pour une sortie de crise politique et idéologique. Et, on est capable de l'orienter vers le vrai changement qui conduirait au développement équilibré qu'attendent les masses haïtiennes.

Le problème d'intégration Politique

Dans les années 1980 (spécifiquement de 1986 à 1996), la philosophie humaniste des intellectuels haïtiens appelle à la théologie de la libération pour contribuer à la lutte des masses affaiblies par l'oppression et la répression. Avec cette théologie, la gauche pouvait entraîner des foules. Mais malheureusement, il n'en était pas ainsi. Bien au contraire, une conception intellectualiste de la distanciation politique sous forme de désobéissance civile contribue, elle aussi, à alimenter la démarche de certains opposants politiques, comme forme de pression socio-économique juste pour affecter le processus de réponse aux différentes demandes ou exigences formulées par la population au système politique. En cela, la boucle de rétroaction peut en être affectée d'une manière ou d'une autre; mais, quand la crise se traduit en ennemi acharné et les rapports d'influence conduisant à la criminalité, peut-on encore croire au processus de changement et de développement?

Toute distance politique par rapport à la politique gouvernementale et également aux activités civiles, telle l'abstention ou désobéissance civile, a souvent accusé une faiblesse si elle n'est pas planifiée à partir d'objectifs à poursuivre ou à atteindre. Dans toutes les sociétés, il se pose ainsi, par la suite, un problème d'intégration socio-économique pour les plus pauvres.

En Haïti, la question ne se pose pas autrement. Sauf que le contexte peut être seulement différent. Pas de technologie, pas d'armement lourd, pas de révolution brutale... on ne cherche pas vraiment la voie du changement social mais on ne produit que du changement de personnel au palais. La grande question est celle-ci: entre la voie capitaliste et la voie socialiste laquelle est la meilleure pour sortir la masse haïtienne de la pauvreté?

Rappelons que dans la lignée des courants d'idées, l'affirmation mécanique du progrès linéaire, qui était considéré comme fondement de la pensée historique des lumières, transformée par le marxisme en théorie de la Révolution par étapes n'a fait qu'ignorer la commune rurale russe, laquelle avait passionné Karl Marx. Et de plus, la position de Karl Marx sur la question Russe entre 1877 et 1883 est différente de la polémique Bolchevik contre le populisme, bien sûr après 1883.

Encore, la social-démocratie allemande et le Bolchevisme figuraient dans une pensée et un culte de l'Etat. On assiste à un renouveau de la pensée révolutionnaire dans les méandres où le marxisme s'enlise dans les discours Etatistes.

La lutte entre Lénine et les populistes a introduit en Russie le marxisme mutilé de la IIè Internationale.

Dans la foulée des choses, la Russie était devenue le lieu de prédilection où le marxisme fut transformé en un mouvement construit contre l'arriération pré-capitaliste.

Si la classe ouvrière est différente de la bureaucratie Etatique, elle a des affinités avec la paysannerie parcellaire.

Ainsi, l'esprit matérialiste y est.

La formule de Lénine est à l'honneur, formule selon laquelle "chaque grève contient en germe la révolution prolétarienne".

Il faut considérer et placer la question paysanne dans un contexte stratégique et idéologique. Car, pour certains, le capitalisme est synomyme de révolution agraire. C'est en ce sens que la nature capitaliste de l'économie soviétique privilégie le secteur agricole dans le but de faire valoir la portée des activités paysannes et démontrer l'existence de rapports capitalistes au sein des

Kolkhozes (fermes coopératives) et des Sovkhozes (fermes d'Etat avant la main d'oeuvre salariée).

Le communisme est avant tout affaire de contenu, de programmes. Il n'est pas un idéal à réaliser mais un mouvement réel. Il ne faut pas faire coincider la violence morale du capitalisme avec la violence physique et matérielle des révolutions socialistes. Les deux extrêmes sont violentes, dangereuses et parfois contre-nature, pense-t-on: extrême droite comme extrême gauche. La domination est la violence morale, l'exploitation est comme une répression psychologique. Il y a une confusion dans ce que fait la gauche dans ce contexte géo-politique actuel. Il y a pour le paysan une limite et l'expression d'un désespoir quand il observe les activités gouvernementales des gens de la droite. Ainsi apparaît une réalité de vie à la démocratie capitaliste qui serait une manipulation de la société, réduite à une masse informe. Pour réorganiser le peuple pétri déjà dans les moules du capitalisme dans la voie du socialisme, il y beaucoup à faire. Et, à cette démarche politique, ultime décision populaire, est-il vraiment nécessaire aujourd'hui d'établir la dictature du prolétariat?

On reconaît que c'est l'impérialisme qui a bénéficié de la gouvernance ou de la gestion de la propriété des terres de l'Etat et a exploité dans ce cas le sens du collectivisme de la paysannnerie par la corvée, le coumbite et autres.

Les jeunes tenants de la théologie de la libération, par leurs discours anti-impérialistes et purement socialistes étaient les mieux placés et mieux indiqués pour stimuler le processus de changement. Dans cette crise de conscience de classe, comment réinterpréter l'histoire du socialisme et de la gauche et son imbrication avec les idéologies de l'industrialisation. L'approche qui prétend qu'il n'existe de question paysanne que pour le mouvement ouvrier est à remettre en question. Il y a trop de dispositions politiques, de mesures internationales contre la montée du socialisme, et depuis l'effondrement du grand Géant de l'Est, le socialisme est limité. La révolution idéologique est également circonscrite autour des agences secrètes de renseignement: les actions sont sous contrôle. Le changement à travers les conflits violents n'enregistrent que pertes. La révolution violente sans stratégie d'accord, de philosophie humaniste, de coopération tranquille est dépassée.

La société globale épouse une politique systématique d'exclusion. En ce sens, l'exploitation des masses n'a pas entrainé automatiquement une conscience de classe mais est un élément de motivation de cette conscience de classe. C'est pourquoi, les différentes luttes paysanne et estudiantines, assez sporadiques ne signifient pas une prise de conscience profonde, mais de préférence, des alinéas de compréhension de la situation de l'ordre et du désordre.

La liaison entre le groupe 184 et quelques secteurs de l'Université, des associations d'étudiants fut circonstantielle. C'était un simple moment d'intercommunication entre étudiants (INAGHEI et Sciences Humaines en particulier), les insurgés des Gonaives, etc. Dans ce rapport social et politique entre université (Etudiants-professeurs) et insurgés il n'y a jamais eu place pour une planification politique et sociale à moyen et long termes devant converger vers le "vrai changement".

Chapitre III: Evolution Et Extériorisation

Déchirure et idéologie

L'ENVIRONNEMENT INTERNE JOUE DANS L'ÉVOLUTION des mouvements politiques mais l'environnement externe est parfois déterminant dans ce jeu. Il est important de comprendre le contexte marxiste d'aujourd'hui. Car, beaucoup de gens pensent que l'URSS constituait la négation du projet marxien d'émancipation ouvrière. C'est vrai, mais il y a des réserves à formuler.

Comment ne pas comprendre que le marxisme devient actuellement un prolongement des théories de l'Etat ouvrier. Il a assis le socialisme d'Etat dans un contexte de changement. Il cimente le "collectivisme bureaucratique" dans la trame des groupes asservis et réoriente le capitalisme d'Etat dans ses mesures libérales que certaines gens jugent inhumaines; il aide également à planifier les transformations de certaines sociétés de transition, et permet de mieux comprendre la voix des faibles et des pauvres.

Il faut dire que la Caraibe a souvent subi les effets de la politiques extérieures dans ses moments de troubles. L'IRI a sérieusement travaillé dans le cadre de la transformation socio-politique de la société Haïtienne.

Un Aspect De La Phase Sanglante
De La Crise Idéologique

Actuellement, le régime socio-politique en milieu rural est fondé sur les rapports sociaux et sur les ouvertures culturelles. Les leaders politiques, les masses médias, les écoles et universités n'avaient pas prévu pareille évolution dans la pensée paysanne au point que le courant marxiste contrecarrait certains idéaux supérieurs liés à l'utilisation de la technologie. Ce choc idéologique plonge le mouvement paysan dans une profonde crise. Conséquemment, celle-ci a entrainé la faiblesse de la gauche et de tout mouvement révolutionnaire. La crise politique et idéologique en milieu paysan est un indice de la mesure de la courbe du mouvement de changement dont parlent et la gauche et la droite. Ces deux blocs ne s'étaient jamais composés pour réorienter l'histoire. Quand OLP était au pouvoir avec son premier ministre sous le gouvernement de Mr.Réne Garcia Préval, c'était un compromis à l'intérieur même de la gauche (de la gauche à la gauche). J'insiste sur le fait que le manque d'esprit d'ouverture, l'intolérance, l'incapacité, le rejet de la science et la connaissance universitaire, les divergences d'opinions, ont prévalu et ont eu gain de cause sur la complémentarité politique et idéologique. Conséquemment, la barque a chaviré et la division est rendue plus profonde, le fossé plus élargi. Les libéraux se contentent de voir que le compromis de 1999 s'est soldé par un échec et la voie vers le socialisme était dans l'impasse. Et le conflit s'envenime.

Deux choses importantes: la droite marche sur front de division et la gauche n'a pas pu maintenir l'unité. Avant 2004, il était question de reprendre l'unité de Vertières et de faire bloc derrière un leader savant et charismatique qui soit capable de réconcilier les fils de la nation: réconcilier le peuple avec lui-même, le peuple avec la patrie, le peuple avec la classe politique et de permettre à la bourgeoisie et à la masse, (ce qu'on appelle le gros peuple), de s'asseoir pour qu'ensemble ils puissent canaliser les forces éparses vers le changement et le développement. Mais la réponse était claire à travers les comportements; il ya un effet de nervosité psychologique à toute tentative de composition idéologique ou compromis politique. C'est pourquoi la classe dirigeante et le peuple ne s'entendent pas sur l'orientation sociale et culturelle des mouvements politiques en cours. Il y a là, dit-on, une question de mentalité, de sectarisme, d'individualisme, recherchant le culte de la personnalité individuelle. La bourgeoisie est trop rétrograde, pense-t-on, pour participer au changement, le peuple est trop violent, se plaint-on, pour venir se composer avec les bourgeois dans ce contexte en vue du changement et du processus de développement. Et, conséquemment le pays continue à s'enliser dans son sous-développement, sa pauvreté. Non seulement l'opposition entre la position respective de ces deux grandes classes antagoniques, n'a suscité aucun avantage bénéfique pour le pays, mais au lieu d'ouvrir une piste de réorientation, elle débouche sur le même cercle vicieux, le même circuit de revanche, de sarcasme, de déchoucage, que sais-je encore. Mais les directeurs de conscience, eux-mêmes sont dans la plus grande division et n'offrent pas de bons modèles. En 2005, la pléiade des leaders politiques inscrits comme chefs de file et candidats à la course présidentielle dénote la fragmentation de la classe dirigeante et le dilemme de l'orientation idéologique. En voici quelques noms:

1) Bonivert Claude   PSR (voir sigles, p. 166)

2) Charles H. Baker   Indépendant

3) Chavannes Jeune   UNCRH

4)	Charles Poisset Romain	FRONCIPH
5)	Dumarsais Siméus	Indépendant
6)	Dany Toussaint	MODEREH
7)	Dominique Joseph	OCODE
8)	Evans Paul	Alyans Demokratik
9)	Franck Romain	PACAPALAH
10)	Gérard Gourgue	MUP
11)	Guy Philippe	FRN
12)	Gérard Jean Juste	Lavalas
13)	Himmeler Rébu	Grand Rassemblement pour l'évolution d'Haïti
14)	Hubert De Ronceray	GFCD
15)	José Jacques Nicolas	Indépendant
16)	Lesly Manigat	RDNP
17)	Luc Mesadieu	MOCHRENA
18)	Marc L. Bazin	MIDH
19)	Paul Denis	OPL

20)	Réné Julien	ADHEBAH
21)	René Préval	CONPA (ESPWA)
22)	Reynold Georges	ALLAH
23)	Rigaud Duplan	JPDN
24)	Samir G. Mourra	MPH
25)	Serge Gilles	Fusion
26)	Turnep Delpé	PNDPH

Le système électoral désoriente aussi les électeurs. Pour qui voter et à quelle fin? C'est la question de la viabilité de l'existence des différents partis politiques. Les tentatives de regroupements ne sont pas toujours claires pour un peuple qui n'a pas une haute formation politique et une longue pratique de vie démocratique.

Il y a là de l'outrecuidance à croire que les Haïtiens évoluent suivant un esprit séparatiste, nettement opposé à l'esprit du paysan parcellaire qui tente d'éviter tout sectarisme au sein de la communauté.

Trois choses jettent de la haine indélébile dans l'esprit du paysan: le meurtre au sein de la communauté perpétré par un des leurs (l'assassinat par un membre de la famille, tenant compte de la tendance qu'en milieu rural tout le monde est famille), le vol et le mensonge considérés comme déshonneur, et la division familiale pour problème foncier). Mais la maladie, la mort, le mariage, les fêtes patronales, et j'en passe, rassemblent toujours les paysans parcellaires dans un grand esprit de solidarité, d'entente et d'entraide.

La divison retrouvée au sein de la classe politique rejaillit sur les modes de vie de la paysannerie. Le collectivisme paysan déjà fragilisé et qui s'érodait peu à peu, trouvait son point culminant dans les demandes politiques. Il connaît son éclatement avec les actions de développement entreprises par l'Etat et les ONG sous tutelle des instigateurs étrangers. En cette matière, il y a beaucoup de questions à se poser. L'une d'entre elles est la suivante: Comment reformuler les théories et les appliquer de manière particulière en tenant compte de la généralité et de la spécificité? Comment adapter pour le milieu haïtien les theories de développement?

La société haïtienne est encore dépendante économiquement, conséquemment les ouvriers et les paysans aussi. Politiquement, le pays reçoit des dictées de la part des puissances amies: les budgets de l'Etat, de l'éducation, de l'agriculture, de la police etc., dépendent en grande partie de l'étranger. Quoi faire? Il faut produire. Si l'on vit sans vision à long terme, comment réussir la vie? Comment arrive-t-on à agir sur la production nationale? Or, l'orientation productiviste est une démarche des grandes puissances contre les intérêts matériels de la majorité des travailleurs haïtiens, à savoir les ouvriers et les paysans.

Aucun rapport social ne peut ramener la situation à la solution de changement si la droite n'a pas rapidement composé avec la gauche et si celle-ci ne s'asseoit pas avec celle-là pour faire un deuxième miracle, qui ne sera pas cette fois-ci un miracle nègre, mais, pour les racists, un miracle haïtien.

L'ampleur inquiétante de la crise

L'action des hommes politiques a influencé négativement la politique gouvernementale. Elle débouche sur les déroutes communautaires. Comme dans les grandes villes, les communautés rurales tendent à se transformer en différentes factions rivales. Et là le processus de changement est affecté et le changement tourne souvent mal. La profondeur de la crise a amené une situation intenable qui a conduit à un morcellement idéologique et politique: Fanmi Lavalas, Organisation peuple en lutte, inite demokratik, etc.

Dans la foulée des choses, les OP (Organisations Populaires) munies d'armes lourdes, occupent les rues sous l'égide des hommes politiquement ou économiquement forts, soit du pouvoir, soit des anti-gouvernementaux. Des hommes, des jeunes garçons et des jeunes filles, même des mineurs, ont gagné les rues, armes à la main.

On retrouve principalement:

♦L'armée Saddam Hussein au nord,

♦L'armée Canibal aux Gonaives,

♦L'armée bale Rouze à St Marc (nettoyage complet)

♦L'armée rouge à Cite Soleil

♦L'armée Domi nan bwa (les sauvages) à Petit Goave etc.

♦La masse des "cocorates". Ces derniers ont accompagné les chimères qui, en 2004, avaient lancé la violente "Opération Bagdad" sur Port-au-Prince.

Il faut ajouter également:
♦L'armée "ti manchet" (Cantonnant entre ruelle Descartes et Tou Kochon), ♦L'armée "Neg nan ti bwa" (campant à la hauteur de

Martissant: l'une en haut et l'autre cantonnant en bas se jetant de manière sanglante les armes à la main.

Tous ces groupes armés aux noms très significatifs et évocateurs symbolisent la division, la déchirure du tissu social et les contradictions à l'intérieur d'une même idéologie politique de changement et de processus de développement, qui, par un populisme mal-orienté, s'est transformé en une crise de système capitaliste haïtien et en même temps un accroc à l'introduction du socialisme en milieu paysan.

Les oppositions dont l'appellation est ainsi stipulée: operasyon "Fè koupe fè", ou Operasyon "Eto" (opération césarienne), "Groupe Lage mobilisation contre le pouvoir" Fanmi Lavalas, dénote la faiblesse de l'idéologie et du manque de conscience de classe, de civisme, de patriotisme et de conviction idéologique au sein de cette génération. Conséquemment la paysannerie a perdu confiance dans tout cela. Ainsi la démarche relative à la participation paysanne dans la construction d'une société plus juste s'estompe, et la clientèle qui est très versatile, cherche le mieux être partout et dans tout, utilisant tous les moyens possibles. Par eux-mêmes, ou utilisés par des intermediaires, ou des chefs connus, ou souvent par des anonymes, souvent politiquement forts, certains jeunes, aux abois de trouver un peu de confort, se jettent les armes à la main dans la répétition des actes de violence. Conséquemment, la paysannerie ne peut tenir ferme ses convictions de l'héroisme, de bonnes moeurs, de comportement bonne famille, la conception de l'honneur, la conception de rude travailleur. Par les actions de violence, il faut entendre des gens qui sont victimes de la situation d'insécurité, de trouble politique, de mauvaise fois de certains dirigeants. Ceci permet de mesurer le niveau combien élevé de haine et de mépris des gens. La haine a remplacé le patriotisme et le civisme; le dégoût vient de l'expression d'assister à ces genres de choses sous le compte des zenglendos et des chimères:

♦Vol à main armée au grand jour;

♦Kidnapping et meurtre à l'oeil nu;

♦Viol de mère en présence de leurs enfants;

♦Persécution politique dirigée contre les citoyens paisaibles et les honnetes gens;

♦Viol de jeunes filles en présence de leurs parents;

♦Demande, sous peine de mort, aux jeunes garçons de coucher avec leurs mères;

♦Corruption grandissante à toute échelle à travers les demandes de pot de vin pour traiter des dossiers administratifs ou académiques;

♦ l'impuissance de l'Etat à régulariser la situation;

♦Attaques à main armée des citoyens paisibles dans la rue ou chez eux;

♦Impunité des coupables.

L'horreur de vivre dans un tel climat porte certaines gens à se poser des questions sur le rapport culturel de la paysannerie et de la culture englobante. Pourquoi les gens se déchaînent-ils et sèment-ils la terreur?

Les formes les plus courantes de démocratie viennent de nos jours de l'occident. Mais, il faut refléchir sur certaines formes de systèmes politiques comme la royauté anglaise, le royaume du Maroc, le royaume d'Arabie Saoudite etc. Il faut étudier leur système de gouvernement. Il faut aller jusqu'à comprendre le rapport politique qui existe entre la France et certains gouvernements d'Afrique.

La question de dictature et de démocratie est une diatribe, une sorte de fourre-tout pour expliquer d'autres choses. C'est de la politique, c'est de la diplomatie!

Rappelez- vous bien que les deux mondes ont toujours existé, "le monde des grands" et le "monde des petits". La question de grande puissance est aujoud'hui multiforme: Ce n'est pas la quantité d'habitants ou la superficie du territoire, mais la technologie et la force des armes qui comptent. Le contrôle des "petits pays" par les grands se fait sous plusieurs facettes. Quand un petit pays veut émerger, les difficultés apparaissent. Dans la théorie de la lutte pour la survie, les "grands' ne développent jamais les "petits", ce serait une illusion de s'y attendre.

Qu'il vous fasse devenir grand comme lui! Il faut retenir que les différentes collaborations internationales s'appuient sur la défense des intérets. La politique internationale n'est pas neutre dans le processus du sous-développement des peuples du Tiers-Monde: pour être "grand", il faut dominer et exploiter les "petits". Cela a toujours été la politique des grandes puissances militaires, surtout au moment d'occupation de territoire étranger (effet d'extranéité). Pour assurer la continuité, d'autres formes de domination politique ont pris naissance. Sous l'influence capitaliste de l'environnement international des pays du nord, les pays "pauvres" (ceux du sud) reçoivent aides et dons. Cette démarche, aide bilatérale ou multiratérale, souvent contestée parce que reflétant une forme nouvelle d'ingérance et de domination.

Plus près de nous, au moment de l'occupation du territoire national, les intellectuels se plaignent et mettent, pour la plupart, leur plume à défendre la patrie décriée, humiliée; mais, une chose est certaine, l'invasion n'est jamais naïve et sans intérêt. Il y a toujours un intérêt latent et un intérêt manifeste. Pour atteindre les objectifs visés, des stratégies sont mises sur pied, par exemple, de nos jours, la distribution de nourriture accompagne souvent l'invasion étrangère. Cette distribution de nourriture aux gens est une bonne et grande stratégie de bataille pour les occupants. Elle est politique, économique, sociale et même culturelle. Sous le nom d'aide humanitaire, les occupants ou envahisseurs donnent à manger aux assoiffés, au gros peuple. Puisque le peule a faim, une faim chronique, on lui donne à manger pour l'empêcher de résister à l'occupation et conséquemment il se mettra au côté de l'occupant contre son propre pays.

Pourquoi cette stratégie a- t-elle réussi, a-t-elle bien marché? C'est tout simplement parce que les dirigeants se sont montrés incapables de donner à manger au peuple, le "primum vivere", de répondre aux besoins fondamentaux ou "basic needs" ou besoins essentiels du peuple comme la nourriture, le logement, l'eau potable, l'éducation etc. La leçon à tirer de l'application de cette stratégie en Haïti est celle-ci: les hommes politiques doivent apprendre à satisfaire leurs mandants, pour qu'ils ne défilent pas comme des mendiants devant les occupants, pris comme sauveurs, pour aller recevoir du pain. Et, en ce sens, éviter également que cette démarche ait une conséquence désastreuse sur la vie des étudiants pauvres qui sont venus de province mener une existence précaire dans la capitale ou dans les grandes villes de province

En effet, si quelqu'un a déclaré que la gauche avait été vaincue avec le retour à "l'ordre constitutionnel" de 1995, et si d'autres ont affirmé qu'il y avait une avancée de la gauche, chacun pouvait se faire une idée relativement juste de ce qu'il pensait. Mais, la social-democratie, le parti communiste, les syndicats, le Front populaire, les groupes armés, les OP, les mouvements de revendication, les mouvement de libération justifient le processus anarchique d'un changement socio-politique qu'entament les partis politiques et les différentes classes sans une base philosophique nouvelle de la vie, à une époque socio-économique où les classes sociales ne montrent aucun signe de croissance (aspect libéral), de développement par la base (aspect socialisant), ni de développement équilibré (aspect humaniste); car aucun développement de forces productives n'a été enregistré pour édifier les bases d'une société nouvelle, les bases du socialisme. Mais en attendant, les tenants de la droite se renforcent par la défection des tenants de la gauche.

Et aux faîtes de l'émotion politique, les discours sont parfois choquants. Il n'y a pas seulement la question de révolte et de révolution mais également le kidnapping et le terrorisme.

En ce qui concerne le terrorisme, je dois dire que je me sens mal à l'aise à en parler, car je n'ai pas fait de profonde recherche empirique là-dessus. Je n'ai que des idées éparses d'ordre théorique que la sociologie essaie de cerner. La sociologie observe!

Cependant, le président Aristide en 2003-2004 a qualifié de terrorisme le mouvement de rébellion des Gonaives. Disons alors quelques mots, même en filigrane, là-dessus.

Le terrorisme n'est pas un phénomène nouveau, il n'est pas non plus permanent. Au point de vue de sociologie politique, il n'est pas un phénomène récent. A l'époque des empereurs romains, les étudiants se servaient des tombes où ils écrivaient des graffitis pour manifester contre la tyranie impériale. Ces genres d'action étaient jugés comme des actes de terrorisme. En fait, avec le temps les actes de vandalisme prennent des proportions inquiétantes et des allures idéologiques importantes à visées politiques. Des groupes anonymes se fondent pour se venger ou attaquer des gouvernements.

Il s'agit de travaux clandestins pour saboter, piéger, et détruire des "outputs" gouvernementaux par des actes de "banditisme"en réaction à l'oppression. «Similar tactics were used against the

British in Palestine by Israeli freedom fighters or "terrorists"[33]…»
Ce même ouvrage a noté que: «…The National Liberation Front of
Algeria fought French rule with a ruthless terror campaign, using
Arabs women dressed as fashionable young and Frenchwomen,
to place bombs in cafes, dancehall, and cinemas.»[34]

Le terrorisme apparaît comme l'inaptitude de l'Etat à introduire
et à maintenir des réformes ou encore à faire suite aux demandes,
aux exigences, aux revendications de certains groupes extrémistes.
Le terrorisme de l'Armée Républicaine de l'Irlande a sa source
lointaine et remonte au 19 ème siecle. Le terrorisme pratiqué par
l'IRA sur l'Angleterre date de plus de 40 ans.

L'histoire du terrorisme est liée à l'intention de détruire pour
porter certains dirigeants à abandonner la philosophie de
leurs politiques internes ou externes. Dans les années 70, le
mouvement terroriste était sous la direction de Fusako Shigenobu,
la fondatrice de l'Armée Rouge japonaise. Elle est convertie au
marxisme-léninisme dur. Elle se fit connaître mondialement
en Mai 1972 lorsqu'un de ses commandos attaqua l'aéroport
de Lord à Tel-Aviv qui fit plus de 26 morts et un nombre
considérable de blessés, soit à peu près 76. C'est l'histoire des
hommes politiques enlevés: ambassadeurs, ambassades occupées,
enfants kidnappés, avions détournés, que sais-je encore! Plusieurs
histoires jalonnent ce mouvement. L'acteur de l'une d'entre elles
est Fusako Shigenobu.

Fusako Shigenobu a dirigé d'une main de fer la faction de l'Armée
Rouge japonaise qui s'est implantée au Liban du côté de la plaine
de la Bekaa, pour embrasser la cause palestinienne au début de
1970. C'est une manière, pensait Fusako Shigenobu, d'exprimer

---

33 Fredrick Logeval, terrorism and 9/11: A reader, USA, HoughtonMifflin,
   Company, 200, p. 2.
34 Ibid., p. 2.

la solidarité internationale avec les opprimés, notamment les palestiniens.

Au cours de cette même année (1970), une autre faction s'installa en Corée du Nord et détourna un avion de ligne japonaise vers Pyongyang qui a vu périr des pèlerins Porto-Ricains en majorité.

Il faut dire que l'opération terroriste de la Haye, née de la contestation étudiante de 1969, fut suivie d'une série de détournements et d'attaques à la bombe contre des ambassades.

Mais L'Armée Rouge, elle-même prônait la révolution mondiale via la lutte armée. Les sympathisants se sont convertis dans un mouvement anti-mondialisation.

Le groupe, déchiré par de très violentes querelles intestines, a progressivement perdu de sa force et de son influence jusqu'en 1980. En Novembre 2000, Fusako Shigenobu avait été arrêtée à Osako, Ouest du Japon après avoir vécu trente ans au Proche Orient. En 2001, L'Armée Rouge a été dissoute.

Malgré tout, le terrorisme a pris une ampleur considérable. Les attaques et menaces sont diverses et font peur. D'après ce que disent les hommes politiques américains, un autre leader terroriste du nom de Oussama Ben Laden, émerge. Il a frappé les USA le 9 Septembre 2001. Cette attaque terroriste a marqué et a changé depuis lors la trajectoire de l'histoire du monde. L'affaire du Wall Street Center de New York est restée une inquiétude, une histoire, un fait de méditation, d'analyse pour tout chercheur, tout penseur, pour tout savant en sciences sociales. Car en un jour, tout a changé: la politique du contrôle de l'hégémonie politique mondiale est devenue la politique de la surveillance des attaques de l'ennemi. La guerre contre les terroristes devient éléctronique, planétaire et psychologique. Tout un chacun est devant son écran de télévision surveillant les alertes, les voyages sont strictement contrôlés, les frontières hautement sécurisées, les visiteurs filtrés, les immigrants sur écoute etc.

Le déchaînement du terrorisme a pour effet de renforcer l'Etat, comme dit Marcuse, L'Etat bourgeois s'est renforcé. La vague de terrorisme qui a déferlé sur l'Europe et l'Amérique a eu des effets inattendus: le développement spectaculaire de l'industrie de la sécurité et la consolidation des rapports internationaux de l'Etat, échange d'informations, coalition des forces policières et des services secrets d'investigation et de surveillance. La peur de la possession des armes nucléaires par les groupes terroristes, la méfiance dans les relations Nord-Sud, les accords Sud-Sud sont autant de concepts de méditation de la part des savants. En effet, l'industrie de la sécurité a pris un essor considérable.

La situation politique, du point de vue international est trés inquiétante. A côté de l'affaire du 11 septembre 2001, il y a la guerre en Irak. Le premier a laissé un souvenir navrant aux grandes puissances et a montré à celles-ci leurs limites géo-politiques; La guerre en Irak est déjà comparable à celle du Viet-nam, car, plus de trois ans après cette invasion, ce pays est encore marqué par l'instabilité et les conflits ethniques et communautaires, suivie de guerre civile. Les commentateurs parlent, pour les deux dernières années de triste anniversaire de l'intervention en Irak. C'est dire que le 21ème siècle s'inaugure sur des notes tristes pour l'humanité. Les séquelles des luttes du siècle dernier ont répercuté sur le début du siècle avec:

1) l'affaire du Wall Trade Center à New York,

2) la chute de Saddam Hussein, utilisé, abandonné, accusé, poursuivi, arrêté, livré, jugé, et pendu aux yeux du monde.

Par ces faits, il y a une vigilance stricte dans les relations internationales qui met en garde toute tentative de déviation des principes de la politique, mais ces principes couvrent les intérêts des grandes puissances: la force des armes, armes technologiques et armes nucléaires. Parfois les divisions internes sont profitables aux étrangers, car, elles leur donnent souvent l'opportunité de se présenter comme médiateurs et sauveurs et "réorientateurs". Alors, comment jouer pour en tirer profit dans le contexte de la recherche des conditions meilleures pour les masses? Comment empêcher d'être piégé et tirer son épingle du jeu pour permettre à un pays comme Haïti d'avancer vers le développement?

L'appel à la Conférence Nationale pour sortir Haïti de ce marasme politique et idéologique et pour déblayer les classes sociales des conflits idéologiques destructeurs est une idée géniale; mais, il faut un programme, de conciliation de droite/gauche pour soulever les épineuses questions relatives à la politique agraire, au droit à l'alimentation, à la gestion de l'agriculture familiale, à la participation paysanne, au mouvement ouvrier/paysan, au système politique, etc.

La Reforme Politique

La réforme implique certaines améliorations au niveau des institutions pour pouvoir soulager le sort des masses pauvres. Tel est l'effort entrepris, de manière considérable, par les progressistes de la droite. Ils veulent porter des solutions aux problèmes confrontés par la masse. Un nombre croissant de réformes institutionnelles se sont apportées dans les zones rurales pour tenter d'améliorer les conditions de vie des paysans. Mais le fruit de ces réformes institutionnelles est mince: réforme judiciaire, réforme éducative, réforme de l'armée et de la police, etc. Le remplacement, par exemple des chefs de section par la police rurale et le changement de nom de la section rurale en section communale justifie la volonté de reformer les institutions en milieu rural. Mais une simple évaluation porte à croire que les choses vont de mal en pire.

Malgré tout, la droite manifeste de sérieux engouements pour la réforme. Partant du développement sectoriel (D.S.), lié à l'approche systémique, la réforme de l'éducation initiée en 1979 tarde encore à donner le résultat escompté. On a une génération d'élèves et d'étudiants victimes des conséquences désastreuses de cette réforme. Mais en fait, dans l'intervalle, cette réforme a produit des fruits énormes pour avoir donné un coup de pouce au créole devenu langue officielle et pour avoir alimenté la communication en langue vernaculaire. Deux choses importantes sont à retenir chez le paysan. Avec le créole, il accède au niveau d'interlocuteur égal mais il souffre d'une nostalgie du français qu'il aurait aimé que son fils maîtrise.

De l'autre côté, la démarche à la privatisation n'a pas eu un d'effet totalement négatif. Si, pour la droite et par le fonctionnement de l'Etat libéral, elle encourage dans l'administration publique la corruption, la négligence, la paresse, le vol, l'incompétence, il faut dire qu'elle réserve des éléments de valeurs importantes comme le comportement protocolaire des employés comme modèles de bureaucratie et de technocratie. L'administration est par nature protocolaire, rationnelle et ordonnée. Elle est la routinisation des normes et principes qui gouvernent l'orientation technique des grandes politiques gouvernementales. Comme autres valeurs, au niveau du privé, le bon service, le service efficace (la finalité), le contrôle ou la bonne gestion de matériels, le respect des clauses et des réglements, le travail assidu pour l'atteinte des objectifs et de la finalité, l'évaluation sommative et normative. Pas de vol au nom du peuple et des pauvres. Car le privé gère les activités rentables selon ses intérêts et ses investissements.

L'assainissement de la caisse publique et l'introduction du secteur privé dans les affaires gouvernementales pourraient se reveler un atout en cette matière. Leslie Delatour a joué un rôle de dernière instance dans ce domaine, après les travaux de Marc Bazin sur le gouvernement de Jean Claude Duvalier, au point qu'on l'appelait "Mister Clean"; d'autres ont continué le difficile travail de nettoyer les circuits de corruption. Un Fred Joseph !

Privatisation, industrialization, petite et moyenne entreprise--- telle est la vision globale dans la construction du système libéral. La satisfaction ne répond pas à la loi de la réussite matérielle et du succès économique et professionnel.

Entreprise mixte? Les essais d'ouverture de certaines enterprises mixtes ont fourni de mauvais services jusqu'ici.

Toutes les couches sociales cherchent à se transformer dans un sens ou dans un autre en cherchant ce qui est meilleur. La lutte pour l'hégémonie politique, pour la domination des institutions, pour l'influence de la gestion des affaires de l'Etat reste primordiale. Mais, dans ce processus historique des besoins matériels, les classes supérieures sont en mesure de vivre aisément et de continuer leur exploitation capitaliste.

Si la philosophie de la lutte des classes de la gauche vise la restriction sociale, il ne peut y avoir de changement que dans la violence physique. La seule force sociale serait celle de la double classe oppressée, seule capable de lutter contre la domination économique par la prise du pouvoir politique en maîtrisant l'oligarchie.

Dans cette perspective, la détermination d'aider, d'encadrer, de faire appel aux savants est importante. On retrouve ces traits meme dans les cercles de la gauche américaine où des cellules de progressistes de gauche n'ont jamais cessé de refléchir sur les questions d'humanisation où le socialiste est fort mal en point.

Aujourd'hui, le mouvement d'émancipation ouvrière ne disparaît pas, de même que la montée de la paysannerie sur la scène politique. Le grand problème est le processus Etatiste qui, loin de mener au socialisme, conduit à un désesquilibre social en faveur de la bourgeoisie de substitution dont l'un des objectifs est d'industrialiser l'arrière-pays. Voilà ce qui coïncide avec certaines idées des ONG qui tendent à transformer les paysans en petits entrepreneurs. Depuis les années 1987, les démarches gouvernementales visent souvent à appliquer des politiques libérales pour raffermir l'économie capitaliste, la position de la droite et de l'oligarchie.

Les oeuvres des premiers marxistes n'ont exercé aucune influence particulière sur les débats entre marxistes. Il faut faire attention! Pendant toute la durée de la guerre froide, un auteur comme Adam Ulam avait fait une réinterprEtation du marxisme/communisme comme tournant tout entier autour de la question agraire. Son objectif était de discréditer le marxisme identifié à l'idéologie soviétique en le présentant non comme produit du capitalisme mais comme celui du sous développement. Alors, comment lutter contre l'exclusion de la paysannerie, combattre l'exploitation, et lutter pour l'émancipation populaire. Réorienter l'hitoire nationale consiste à réexaminer la rencontre complémentaire de la gauche et de la droite sur le front d'une concertation/opposition constructive , c'est vrai; mais rappelons-nous que lutter, d'après Adam Ulam, pour établir le socialisme serait de perpétuer le sous-développement. Alors comment faire l'inventaires des idéologies et des politiques de changement?

Emancipation Ideologique

L'étude de la position de la classe paysanne et de la classe ouvrière ouvre la voie à une critique de la critique faite à la gauche de malmener ses sympathisants et mal orienter ses luttes d'émancipation populaire; et à la critique faite à la droite d'être incapable de répondre à l'attente exigée par les masses. Et les regards critiques de l'intelligentsia haïtienne en matière de matérialisme historique et de processus libéral rappellent les forces sociales en présence pour la lutte contre l'hégémonie.

L'analphabétisme et l'ignorance constituent les clés de l'échec et de l'insuccès. Un peuple qui n'est pas bien formé et informé court le risque de sombrer dans l'anarchie s'il n'est pas bien encadré politiquement. La réussite de la gauche dans l'émancipation populaire ou celle de la droite dans le rattrapage au développement se serait appuyée sur l'éducation des masses sans laquelle toute réussite idéologique serait compromise: la droite peut catalyser un éclatement populaire alors que la gauche peut créer une situation d'anarchie et un regret profond. Attention!

Car beaucoup de tentatives d'amélioration ont avorté parce que les crises sociales, politiques et culturelles sont devenues sources de frustration qui, en fait, occasionnent de multitudes de dysfonctionnements.

Dans l'idéologie dominante, on voit l'effet des doctrines politiques sur les institutions. La production qu'opère dans le monde des idées la classe dominante permet à cette classe d'étayer sa domination économique et politique sur la paysannerie et sur les ouvriers, la double classe aliénée.

Dans cet assemblage d'idées et de doctrine politique qui conditionne le comportement des paysans, il y a lieu de faire place à l'expression de la réalité du changement au développement en milieu rural; ceci pour éviter le développement du sous-développement, pour employer cette expression chère à André Gunder Frank.

En ce sens, il faut mettre l'accent sur ce qui est logique, raisonnable, rationnel et scientifique. La planification joue un rôle important. Guennadi Ossipov a dit: «La planifiction sociale consiste à définir scientifiquement les objectifs du développement social et les moyens de leurs réalisations pour un certain intervalle de temps (court ou long terme).[35]»

Aucune synthèse idéologique ne se dessine encore de manière explicite de la corrélation politique qui se précise entre les différents mouvements sociaux observés au sein des groupes. La dynamique de la lutte réside dans le fait que les protagonistes recherchent aujourd'hui une sortie de la crise mais malheureusement dans des directions différentes, voire contraires. Voilà une situation d'anachronisme ideologique qui se situe dans l'histoire de l'accumulation et dans la façon dont s'y modèle la lutte des classes, dans la manière dont la droite revendique le développement et le changement, et aussi les moyens mis en branle par la gauche pour catalyser le processus de changement. La corrélation des rapports idéologiques est nettement négative. Car l'utilisation des idéologies dans le processus de transformations sociales et la répartition des "inputs" dans la dynamique sociale reste la chose la plus importante en matière de changement stratégique et de développement. La croissance économique n'est pas pour autant le développement, et celui-ci est différent de la justice sociale et du partage équitable. Parfois, les processus impliquent une corrélation négative. Et l'Etat ne doit pas voir le développement d'une seule classe, et c'est pourquoi il est important d'aboutir à un développement équilibré.

En fait, depuis 1986, les activités gouvernementales ont appliqué,soit de manière expresse, soit de manière tacite, les éléments clés du programme d'ajustement structurel du FMI

---

35 Guennadi Ossipov, *Principes de sociologie*, Moscou, Editions du Progrès, 1988,p.149

en fermant certaines entreprises publiques comme les fabriques de farine et de ciment d'Haïti. Il y aurait une tentative ou un processus de raffermissement ou de relance de motivation idéologique de la droite jusqu'en 2007. En 2001, avant de donner le pouvoir à Aristide, le gouvernement de René Préval a renoué ses relations diplomatiques avec la Havane. Après son investiture, lors de son deuxième mandat présidentiel, il a signé avec Caracas l'accord "PétroCaribe".

Le virement politique du gouvernement de Préval vers le Sud (contexte de relation Sud-Sud) aurait été un élément d'équilibre, lequel ne serait pas toujours bien vu par les pays impérialistes. L'action concrète de ce virement est la signature de cet accord pétrolier "PétroCaribe" avec le vice président venezuelien José Vicente Rangel, par l'organe duquel le Venezuela s'est engagé à donner quotidiennement 7.000 barils de pétrole à Haïti. Cet accord est fait dans le cadre du programme "Petrocaribe" que le président Venezuelien Hugo Chavez a mis sur pied pour renforcer la solidarité régionale.

Tenant compte de la réalité paysanne et de leur valeurs intrinsèques qu'ils n'entendent pas perdre et leur fort désir de voir leurs fils dans des situations de modernité et de post-modernité parfois inhumaines et contre-natures, il serait important de penser à un développement qui prendra en considération les bénéfices que le peuple pourrait en tirer; c'est également le contexte de la complémentarité des approches du changement ou du développement.

Les penseurs/idéologues haïtiens doivent être amenés à évaluer le pourcentage de la chance et du risque relatif à établir une "république socialiste" ouverte, ("la République Révolutionnaire de Quisqueya", nom prévu par l'association de ceux qui pensent et qui luttent pour le vrai changement en Haïti). Ainsi doivent-ils penser à inventer une nouvelle stratégie de lutte pour le changement et aboutir à un vrai développement équilibré.

Ce que j'appelle le développement équilibré n'est autre chose que la combinaison de valeurs modernes et de valeurs technologiques, tout en additionnant certaines valeurs traditionnelles, valeurs humaines et intrinsèques qui étaient autrefois en conflit et que les instigateurs du développement, conjointement avec les populations cibles, peuvent intelligemment valoriser, transformer et en faire la promotion.

Deux grands aspects sont importants:

a) Les indices socio-économiques de développement, accompagnés des paramètres technologiques;

b) Les valeurs humaines, intrinsèques et morales, dans la satisfaction intérieure du bien-être collectif.

Ce fait tiendra compte des aspirations des paysans et de l'attente des ouvriers. Car, en exemple, en 1945, le projet SHADA (Société Haïtiano-americaine de développement) s'est soldé par un échec à cause de la destruction de forêt et de la dépossession par la force de nombreux paysans qui ne furent pas indemnisés. Abus, injustice, exploitation en milieu rural sont également des critères qui alimentent la méfiance du côté des paysans et qui ont contribué à faire échouer beaucoup de projets. Ernst Bernardin[36] en dit long dans son *"Espace rural Haïtien: bilan de 40 ans d'exécution de projets nationaux et internationaux de développement."*

Le concept de développement équilibré doit être compris dans

---

36 Ernst Bernardin, *Espace Haïtien: bilan de 40 ans d'exécution de projets nationaux et internationaux de développement*, 1950-1990, editions des Antilles, Port-au-Prince, 1991.

le cadre de la recherche de la cohésion sociale et à travers la lutte pour l'émancipation des masses. Il ne doit pas s'appuyer sur le "rattrapage" et viser le sous-développement en termes d'étapes, à l'instar de Walt Rostow qui a étudié le sous-développement comme element retardateur dans un processus d'évolution et de développement.

Il faut, à l'instar d'autres auteurs, cerner le sous-développement en termes de blocage et d'exploitation des pays pauvres par les riches. Pour eux, le développement linéaire est une résistance au processus de progrès social. Cette démarche paraît être une idéologie qui domine la scène du développement social dans les pays latino-américains qui résistent à la domination, et également à l'exploitation. La question de l'exploitation de l'agriculture, des biens fonciers, du choix de la tenure de la terre fait partie d'un ensemble de revendications ou des "cahiers de doléances" des mouvements sociaux.

Le fondement idéologique de la conservation des valeurs socio-culturelles en milieu paysan denote la possibilité d'orienter les mouvements sociaux en incluant la lutte paysanne, vers un changement social, un développement équilibré. Il permet de dégager des indices de qualité physique de la vie et de bien-être dans le sens des caractéristiques sociales--- justice pour tous, liberté politique, et droit de participation à la gestion des choses publiques. Ces indices peuvent être considérés comme un instrument de mesure assez utile du progrès social et même politique que le pays a accompli en vue de satisfaire de façon équitable aux besoins humains fondamentaux de la majorité de la population. Une telle démarche aboutira à une attente profonde: le besoin ou le désir de se sentir intégré dans le corps social par une lutte plus efficace contre l'ordre politique et l'ordre culturel en transformation. Ainsi, on appréciera l'opposition entre la superstructure dans la diffusion des idéologies et l'infrastructure dans l'intériorisation des valeurs modernes ou post-modernes liées aux idéologies. Les mouvements sociaux aboutissent à une formation et à une préparation graduelle de l'esprit pour une nouvelle société. Tout le monde le veut. A quel prix ? D'abord, la corrélation entre les mouvements sociaux eux-mêmes et le résultat des actions politiques tend à un début de processus de changement visiblement négatif dans plusieurs de ses aspects, notamment, changement négatif des conditions de vie du monde paysan conduisant à un sous-développement du monde rural et à un démantellement de la communauté familiale paysanne.

C'est dans ce contexte qu'on comprend la théorie classique de Leon Trotski du développement inégal. Dans un tel contexte, l'erreur que Trotski avait commise est qu'il croyait trop que la classe ouvrière pourrait construire le socialisme. Aujourd'hui, la refonte du socialisme appelle à la reformulation des théories du développement, en mettant l'accent sur le développement équilibré issu du sens communautaire et du collectivisme paysan. Les valeurs paysannes déterminent ou indiquent les premiers indicateurs de ce développement qu'ils recherchent:

♦Il y a la moyenne des valeurs économiques, la moyenne des valeurs sociales et humanitaires et la moyenne des valeurs culturelles et intrinsèques;

♦Les mouvement sociaux sont des forces de développement ou de résistance au développement. La conduite et la gestion du mouvement social suscitera le leadership et le dynamisme qui lutteront contre la manifestation de la passivité;

♦La gestion permet de transformer l'ensemble du système social et de la communauté par l'orientation donnée au processus de mise en place des mouvements sociaux;

♦Eviter les deux extrêmes et trouver l'équilibre en cherchant de nouveaux paramètres de développement, indicateurs mesurant le progrès et le processus de développement;

♦La recherche de l'optimum humain à travers la stabilité politique du social;

♦Chaque paysan doit être en mesure de contrôler sa vie: il faut rechercher le contrôle de la vie personnelle ou individuelle et également de la vie collective.

L'un des facteurs économiques est de valoriser et de promouvoir la production nationale. Des choix de standard sont mis en cause. Et la formation des paysans en cette matière est d'une importance capitale.

Les problèmes de la richesse des uns et de la pauvreté des autres constituent un poids lourd dans la réflexion quotidienne de l'homme du rural qui a toujours tendance à parler de "pénitence", de sa "pénitence terrestre". Mais pourtant, il a souvent connu des moments exaltants de joie, surtout quand il se réfère au passé glorieux de ses ancêtres dont il tire ses traditions de vie. Aujourd'hui, non seulement la misère l'accable mais il se plaît à la détérioration de bonnes valeurs en milieu rural. Il accueille avec joie les activités de développement et répugne aux objectifs latents de certaines institutions dont les membres ne veulent que s'enrichir à ses dépens. L'introduction des appareils agricoles pour la mécanisation, la promotion de la communication, la couverture de plus en plus grande de la presse, l'encadrement politique, les activités de développement, le discours sur le changement--voilà ce qu'adorent les paysans. Par contre, la misère, les fausses promesses, la dépossession ou le déguerpissement injuste, la dépravation, les scènes sexuelles à la télévision, les actes contre nature, l'irrespect, l'injustice, la violence morale, la perte de la grandeur d'âme et des valeurs ancestrales---voilà ce que détestent les paysans d'aujourd'hui à la recherche d'une vie meilleure et qui se placent entre plusieurs courants de pensée: la modernité, la post-modernité, les idéologies de droite et celles de gauche.

Conclusion

L'UN DES PROBLÈMES DE CHANGEMENT en milieu rural réside dans les types de comportements socio-culturels que les paysans épousent dans les diverses occasions politiques qu'a connues le pays à travers le temps.

La formation sociale paysanne depuis 1804 repose sur les rapports d'exploitation et de domination. Et presque tout le processus historique est jalonné de cette idéologie.

Il y a une corrélation entre la conception humaine de la vie, de la gestion institutionnelle et de la politique. Les institutions gouvernementales et non-gouvernementales mettent-elles l'accent sur le sérieux, l'honnêteté et la compétence technique qui demeurent la base de la conduite de la direction gouvernementale? Il y a beaucoup d'histoires sur les institutions d'encadrement financier comme FAES (Fonds Assistance et Economique et Social), CAS Caisse d'assistance sociale, et également CCI (Cadre de Cooperation Internationale), BID etc qui n'arrivent pas à soulager le sort des masses.

Comment changer de paradigme et de système politique sans

une conception nouvelle de coopération tenant compte de la réalité internationale actuelle. Tout va et vient entre les pays du sud et nord est minitueusement analysé et mis sous-contrôle. La recherche de l'aide vers le sud est souvent jugée comme une dérogation aux dons et prêts que dispose le nord. Les Etat-Unis, le Canada et la France sont souvent sensibles à l'aide et aux dons qu'ils offrent aux pays moins avancés, même quand l'aide, d'où elle provienne, est toujours liée (Tibor Mende). Par contre, des pays comme le Venezuela, le Brésil, l'Argentine, le Chili, ont des exigences au niveau de l'utilisation de l'aide multilatérale, voire bilatérale dans le cadre de la mise en place des politiques gouvernementales de gauche en faveur des masses.

Le changement d'institutions ou le remplacement de personnel n'est pas la clé du processus de changement et du développement. On aura beau faire! Mais ce qui est important c'est la finalité et l'utilité de la chose réalisée. On a remplacé l'armée par la Police Nationale. Mais hélas! Les gens se plaignent de la répétition des mêmes exactions et déclarent que les choses deviennent pires qu'auparavant eu égard aux contextes d'éthique et de professionnalisme. Les nouvelles institutions ne donnent pas le fruit escompté. Les problèmes empirent et s'aggravent. La déchirure saigne encore. La mentalité des paysans est subordonnée aux faits, nature et idées que ceux-ci ont intériorisés comme valeurs et qu'ils tendent à extérioriser dans l'expression de leurs comportements politiques.

Comment arriver à changer la mentalité des hommes pour l'orienter vers un processus plus raisonnable devant conduire à l'entente, au consensus, aux accords, avec les gens de même idéologie entraînés dans la même direction par consensus politique pour renforcer le processus de changement. C'est ce qu'a voulu "Manuel" du *Gouverneur de la Rosée*.

Dans des mouvements d'émancipation populaire, la réalité

extérieure compte beaucoup. Les organismes internationaux ont leurs intérêts, les dons ont leur finalité. Puisque l'aide est liée, il faut savoir orienter l'aide, les prêts et les dons; et canaliser les énergies vers les secteurs de changement et de développement.

La fuite des cerveaux, par exemple, encouragée par certains secteurs de la vie nationale, constitue une perte considérable et regrettable pour le pays. Dans un contexte de processus de développement, il faut faire appel aux savants haïtiens. Car, le développement n'est pas possible sans le respect de la science et sans l'application des grands principes de celle-ci. Il faut détruire chez certains Haïtiens la tendance à l'irrespect ou au non-respect de la science. Par cette dernière, l'administration publique ou privée ouvre la voie à la technicité, à la rationalité et à la spécialisation professionnelle. Par ce fait, la gestion de l'administration, dans sa rigueur méthodologique, pourrait contribuer à initier les habitants du monde rural à la technicité, en partant de leur rationalité naturelle. Dans le cadre de la modernité déclinante et le début de la post-modernité, il y a lieu de comprendre les rapports sociaux au sein de la bureaucratie. Le mauvais fonctionnement de celle-ci a beaucoup contribué aux différents soulèvements sociaux, venant soit des tenants de la droite ou des tenants de la gauche par lesquels l'Amérique latine spécialement a connu ces derniers temps des mouvements politiques assez surchauffés et quelques processus électoraux qui ont porté des gouvernements de gauche au pouvoir.

Il faut penser au mouvement syndical. Tout ceci pour éviter le pire dans l'expression d'un discours révolutionnaire et la manifestation des mouvemnent sociaux sans finalité precise. La violence physique, la violence psychologique, la violence morale, la violence technologique ou électronique---tout cela est inhumain et contre nature. La montée ou la remontée d'une nation dans l'échelle de la moralité l'élève à la plus grande dignité mais sa descente dans l'immoralité stagnante la conduira à la déchéance; sa chute, sa décroissance la détruiront inévitablement. C'est l'histoire de la fin des grands empires à travers le temps et l'espace.

L'optimum social ne peut être équilibré sans un "mimimum". L'économie ne doit pas être le centre de la vie. Il faut savoir lier les deux et faire l'équilibre pour un développement social. Voilà ce que recherche la paysannerie dans ses mouvements sociaux. Plus le collectivisme chez le paysan parcellaire s'amenuise aux dépens de l'individualisme, plus les idéologies au changement en milieu rural perd de son sens, et conséquemment, les bonnes valeurs paysannes s'effritent pour se transformer en situation de conflits.

La deuxième lutte d'émancipation ne peut venir que de la rencontre des classes souffrantes et aliénées comme la paysannerie parcellaire et les ouvriers pauvres.

Il est important de saisir les faits sociaux dans leur complexité à partir de la complémentarité théorique car il ne faut pas totalement se fier à une seule approche. Cette question se rapporte au développement des industries de sous-traitance en Haïti. Il ne faut pas croire non plus que la classe ouvrière aurait été la seule classe à mettre fin à la société de classe. L'effort concurrentiel de vouloir considérer le capitalisme comme moyen capable de transformer les paysans en ouvriers a été tenté. Il y a une remise en question des organisations internationales. En ce sens, il y a ici un problème de choix de modèle quant à la régulation de la pauvreté et du sous-développement.

Les manifestations populaires ont, en fait, des effets sur les politiques gouvernementales, mais en même temps, et paradoxalement, elles ont été contrôlées et freinées par la force même qui bloque depuis si longtemps "la voie vers le changement et le développement".

Bibliographie Selective

♦Althusser, Louis, *Le Capital*, Paris, Mapero, 1973.

♦Bairoch, Paul, *Le Tiers-Monde dans l'impasse*, Paris, Gallimard, 1983 (Nouvelle Edition).

♦Banfield, Edward, Political influence, New York, The Free Press, 1961.

♦Bergeron, Richard, *L'anti-développement: le prix du libéralisme*, Paris, l'Harmatttan, 1992.

♦Bernardin, Ernst, *L'espace rural Haïtien: Bilan de 40 ans d'exécution des projets nationaux et internationaux de développement, 1950-1990*, Editions des Antilles, Port-au-Prine, 1991.

♦Bernard, Francine S., *L'analyse des organisations: une anthologie sociologique, Tome 1, les théories de l'organisation*, Québec, Editions Préfontaine, 1983.

♦Burdeau, Georges, *La démocratie*, Paris, Seuil, 1956.

♦Burdeau, Georges, *L'Etat*, Seuil, 1970.

♦Chonchol, Jacques, *Paysans à venir, les sociétés rurales du Tiers-Monde*, Paris, Editions La découverte, 1986.

#Dahl, Robert, *Qui Gouverne?*, Paris, A. Colin, 1971.

♦Denny, Brewster, C., *La politique américaine ou l'obligation de tolérance*, Paris, Economisa, 1998.

♦Dumond, Fernand, *Questions de culture 3; les cultures parallèles*, Les Editions Léméac, Inc. Québec, 1982.

♦Duverger, Maurice, introduction a la politique, Paris, Gallimard, 1964.

♦Jean William, Lapierre, *L'analyse des systèmes politiques*, Paris, PUF, 1973.

♦Gabaud, Pierre Simpson, *L'Expérience paysanne et le développement: une étude de l'ODVA et des habitants de la vallée de l'Artibonite, Haïti (1971-1991)*, Québec, Université Laval, 1996, (Thèse de doctorat).

♦Gabaud, Pierre Simpson, *L'éclatement de la communauté paysanne: une étude sur la vie rurale en Haïti*, Florida, Educavision, 2005.

♦Gabaud, Pierre Simpson, *Associationnisme paysan en Haïti: Effets de permanence et de rupture*, Port-au-Prince, Editions des Antilles, 2ème Ed., 2001.

♦Gunder Frank, André, *Le développement du sous-développement*, Paris, Maspéro, 1970.

♦L'Heriteau, Marie France, *Le FMI et les pays du Tiers-Monde*, Paris, Seuil, 1986.

♦Lewis, Coser, *Les fonctions du conflit social*, Paris, PUF, 1982.

♦Logevall, Frederick, *Terrorism and 9/11: A Reader*, USA, Houghton MifflinCompany, 2002.

♦Marcuse, Herbert, *Vers la libération, au délà de l'homme unidimensionnel*, Paris, Editions de Minuit, 1969.

♦Mendras, Henry, (et al), *Le changement social*, Paris, Colin, 1983

♦Millet, Kethly, *Les paysans haïtiens et l'occupation américaine*, 1915-1930, Québec, Collectif, Parole, 1978.

#Mills, Wright, *L'Elite du pouvoir*, Paris, Maspero, 1969.

♦Schartz, Alf, *Raison d'Etat/Raison paysanne: Essai sur le développement rural*, in <u>CRAD</u>, volume II, No 4, Québec, Université Laval 1988.

♦Touraine, Alain, *Le retour de l'acteur: Essai de sociologie*, Paris, Fayard, 1984.

Sigles et abbréviation

BID	Banque Internationale de Developpement
CCI	Cadre de Coopération Internationale
CUREFC	Centre Universitaire de Recherche et de Formation Continue
Fanmi Lavalas	(de Jean Bertrand Aristide)
FAES	Fonds d'Assistance Economique et Sociale
FAO	Organisation des Nations Unies pour le Développement
FMI	Fonds Monétaire International
FRN	Front pour la reconstruction Nationale (de Guy Philippe)
Fusion	Fusion des Socio-Democrates Haitiens, de Serge Gilles)
GREH	Grand Rassemblement pour l'Evolution d'Haiti (Himler Rebu)
GFCD	Grand Front Centre-Droite (De Hubert Deronceray)

IRA	Armée républicaine irlandaise (Irish Republican Army)
JPDN	Plate-Forme Justice pour la paix et le developpement National (Rigaud Duplan)
KID	Konvansyon Inite Demokratik (de Evans Paul)
KONAKOM	Congres National des Mouvements Democratiques (de Victor Benoit)
KONBA	Konbit pou Bati Ayiti (Evans Lescouflair & Chavannes Jean- Baptiste)
MDN	Mobilisation pour le development (de Hubert de Ronceray)
MRN	Mouvement Pour la Reconstruction Nationale (de Jean Herold Buteau)
MODEREH	Mouvement Democratique Reformateur Haitien (Danny Toussaint & Prince Pierre Sonson)
MOP	Mouvement pour l'Organisation du Pays (Greger Jean-Louis) (ci-devant Mouvement Ouvriers Paysans, de Daniel Fignole)
MIDH	Mouvement pour l'Instauration de la Democratie en Haiti (Marc L. Bazin)
MOCHRENA	Mouvement Chretien pour une Nouvelle Haiti (Luc Mesadieu)
MPP	Mouvement Paysans de Papaye (Chavannes Jes-Baptiste)
MPH	Mobilisation pour le Progres (Serge Mourra)
ONG	Organisation Non-Gouvernementale

OP	Organisation Populaire
OPL	Organisation du Peuple en Lutte (Paul Denis & Edgar Leblanc Fils)
PANPRA	Parti National progressiste et Revolutionnaire (de Serges Gilles)
PADH	Parti pour un developpement Alternatif (de Gerad Dalvius)
PUCH	Parti Unifié des Communistes Haïtiens
PDCH	Parti Démocrate Chrétien Haïtien (Osner Fevry)
PSR	Parti Social Renove (Bonivert Claude)
RDNP	Rassemblement des Democrates Nationaux Progressistes (Leslie Manigat)
SHADA	Société Haïtienno-Américaine de Développement
UNESCO	United Nations Educational, Scientific and Cultural Organization

INDEX

Sous-développement
La gauche
La droite
L'Etat
Leaders politiques
Les masses
Lutte des classes
Terrorisme
Zenglendo ou zenglendou

****

Pierre Simpson Gabaud, est licencié en droit de la Faculté de droit et des sciences économiques de Port-au-Prince, il détient une licence en anthropo-sociologie de la Faculté d'Ethnologie de Port-au-Prince, il a une maîtrise en Sciences du Développement du Département des Sciences du Développement (DSD), il a également un PH.D. en sociologie de l'Université Laval, Canada. Il a enseigné la sociologie politique, la sociologie du développement, la sociologie de la famille, la sociologie rurale et l'anthropologie du développement à la Faculté des Sciences Humaines, à la Faculté d'éthnologie, à l'Inaghei, à la Faculté de Droit et des Sciences Economiques, à l'Université Quisqueya, à l'Institut des Hautes Etudes, àl'Uniqua, etc. Il a collaboré à Pierre Toussaint Center of Catholic Charities et à Miami Dade College. Il a été également Professeur-Chercheur à l'University of Miami (UM). Il a aussi travaillé comme consultant à la FAO et à L'UNESCO. Et il fut Consultant au Board of Education of Miami pour la formation des formateurs.

****

Cet ouvrage se propose de cerner la corrélation existant entre l'implication de la communauté paysanne dans la diffusion des idées de changement et l'encadrement politique que celle-ci reçoit des tenants de la gauche, au regard de la résistance socio-politique et culturelle retrouvée en milieu rural face aux activités de la politique de droite dans un contexte de mouvement social. Son objectif est de comprendre la gestion structurelle des conflits idéologiques, et d'établir une première discussion ouverte autour de la formation socialiste des paysans, et l'intériorisation des modèles socio-culturels de la vie capitaliste. Il devra susciter et alimenter la discussion sur la question idéologique chez les paysans et, à coté d'eux, les ouvriers pauvres, pris comme objets de réflexion et d'analyse dans l'itinéraire de vingt années de participation à la lutte pour le changement. En quoi l'idéologie de gauche a affecté la vie politique des paysans haïtiens? A quel niveau se trouve le conflit idéologique de la gauche et de la droite dans la mouvance politique actuelle? Comment le processus de changement et de développement arrive-t-il à intérioriser les différentes approches des leaders politiques et à transcender la vie des paysans haïtiens? Telles sont les questions soulevées par le Dr. Pierre Simpson Gabaud dans cet ouvrage.

****